Historias de usuario:

Una visión pragmática

Jorge Abad
Lucho Salazar

A Dios, a mi esposa Diana, a mis hijos Mariana y Felipe y a mi madre Mariela, nada más valioso y de más prioridad que aquello que le da sentido a tu vida.

Jorge

A mi esposa Ángela y a mi hija Pamela, protagonistas de la más apasionante y grandiosa de mis historias. Y a mis padres Luis y Nancy, quienes me contaron todas las historias y gracias a ellos me sé todas las historias.

Lucho

Prólogo

Con historias y contando historias es como las culturas se hacen más fuertes y sobreviven. Las historias generan conexiones entre los emisores y los receptores y hacen que unos y otros se conviertan en un solo grupo, un solo equipo, un solo ser.

Las historias son un poderoso medio para fomentar la cooperación y la enseñanza de muchas cosas y las historias de usuario, tal y como las conocemos, no son la excepción a esta condición. Estas permiten crear un vínculo entre usuarios o consumidores y desarrolladores de productos. Y esta relación es el primer gran paso hacia la creación y pináculo de productos admirables, que influencien positivamente a las personas que los usen o consuman e incluso cambien para mejorar su estilo de vida.

Las historias de usuario permiten a los equipos virtuosos construir los productos correctos, incluso antes de pensar en hacerlo de la manera correcta (el método o las prácticas). Nos permiten concentrarnos en el valor de los componentes de cada producto y de cómo estos componentes hacen o harán resonancia unos con otros, en vez de involucrarnos directamente desde el inicio del esfuerzo de desarrollo en los detalles del producto o en los intríngulis de la tecnología que usaremos para construirlo.

En el caso particular del desarrollo de software, las historias de usuario son el primer movimiento de esa sinfonía que es el descubrimiento del producto y de sus características. Las historias de usuario nos ayudan a entender la proposición de valor del producto desde sus inicios, nos ayudan a anticiparnos a la gran incógnita que supone si los usuarios efectivamente usarán o no el producto, nos permiten interactuar no solo con los usuarios e interesados internos, sino también con los consumidores finales del mismo.

En este libro hemos recogido **algunas** de las formas de hacer las cosas cuando de historias de usuario se trata, es una visión, la nuestra, soportada en la experiencia de muchísimos años no solo en proyectos y esfuerzos de desarrollo con pensamiento Ágil y Lean, sino con otros enfoques y métodos que a estas alturas son considerados tradicionalistas.

Hemos acompañado y ayudado a cientos de equipos en docenas de empresas, en Colombia y en otros países. Han sido cientos o miles de iteraciones en conjunto, cientos de personas con las que hemos experimentado continuamente y hemos encontrado algunos escenarios exitosos, otros no tanto; pero hemos crecido en el proceso. Y sobre este aspecto, que nos haya funcionado a nosotros no quiere decir que les funcione a otros; como siempre, el llamado es a experimentar en cada escenario, en cada momento e ir analizando qué funciona y qué no en sus propios espacios y ambientes.

Al hablar de historias de usuario es necesario hablar de eXtreme Programming (XP), el contexto en el que nacieron; pero también es necesario hablar de Scrum, el contexto en el que más se usan hoy día. Sin embargo, en lo posible trataremos de ser agnósticos al marco de trabajo. Hablaremos indistintamente de iteraciones o sprints para referirnos a lo mismo.

Quienes nos conocen saben que llevamos escribiendo varios años sobre este tema que nos apasiona. De hecho, el libro es una recopilación de todos esos artículos en nuestros blogs:

Lecciones Aprendidas (http://www.lecciones-aprendidas.info/) y

Gazafatonario (http://www.gazafatonarioit.com/).

Pero los hemos enriquecido con numerosos ejemplos, les dimos un hilo conductor en el sentido en que creemos es mejor abordar su lectura, aunque nada evita que se haga en direcciones diversas.

Hemos dedicado mucho tiempo y espacio a tratar el tema de lo que significa tener buenas historias de usuario (INVEST) y hemos hecho énfasis repetidamente en que estas son un instrumento de conversación entre los miembros involucrados en el desarrollo de productos, software o no. En la parte final, incluimos el Lienzo para Conversaciones sobre Historias de Usuario, ampliamente detallado y listo para uso, una herramienta, un medio de comunicación, para promover y facilitar las conversaciones que se dan o deben darse alrededor de las historias de usuario. Una herramienta visual para documentar diferentes aspectos o dimensiones de historias de usuario nuevas o existentes en el backlog de producto.

Así es que bienvenidos a este libro y así como lo plasmado acá fue exitoso para nosotros, esperamos sea útil para usted dándole aplicabilidad en su contexto.

Y como siempre, bienvenida cualquier retroalimentación.

Jorge y Lucho

Tabla de Contenido

Historias de Usuario: un nuevo orden en los requisitos del software

En el desarrollo ágil de software, la historia de usuario es un sustituto más ligero para lo que han sido nuestros medios tradicionales de especificar requisitos de software: documentos de especificaciones de requisitos de software, especificaciones de casos de uso y similares.

Ejemplo 1: La historia de usuario "Leer un libro"

Pensemos en una historia de usuario como una manera de dejar un legado, algo que trascienda más allá del tiempo, por ejemplo, de un proyecto y que permita que las culturas sobrevivan. Para ello, las historias tienen que ser simples, cortas, fáciles de entender y de aceptar y de franca recordación **sin que tengan que escribirse todos sus detalles**. Ese es el gran poder de las historias de usuario. Veamos, por ejemplo, la siguiente historia de un caso no software pero que ilustra perfectamente la estructura y comportamiento de una historia de usuario:

Como: crítico literario

Quiero: leer un libro

Para: escribir una reseña sobre el libro

Estos tres elementos conforman el núcleo de toda historia de usuario. En el primero (**Como**) se establece quién es el usuario o grupo de usuarios que "intervienen" en la historia, típicamente es un rol de usuario, en el desarrollo de software este elemento responde a la pregunta "quién usará la funcionalidad" descrita por esta historia. El segundo elemento (**Qué**) es la actividad, el eje de la historia, qué hace el usuario en la historia. Y el tercer elemento (**Para**) es el propósito de la historia, la meta que quiere alcanzar el usuario al ejecutar la historia. Todos, en conjunto, describen una finalidad, más que un requisito.

Definición

En resumen, una Historia de Usuario *es una corta declaración de intención que describe algo que el sistema necesita hacer para el usuario*. Se describe desde el punto de vista de quien usará la funcionalidad, es decir, su usuario. Pero ya que definimos qué es una historia de usuario, dejemos claro también qué no es: no es una especificación detallada de requisitos de software, algo que el sistema <u>debe</u> hacer, es más bien, un contrato negociable de intención que indica que el sistema necesita <u>hacer algo más o menos así</u>.

Algunas características de las historias de usuario son:

- Son cortas y fáciles de leer, entendibles por los desarrolladores, interesados y usuarios

- Representan incrementos pequeños de funcionalidad valorada, que puede ser desarrollada en un período de días o semanas

- Son relativamente fáciles de estimar porque el esfuerzo de implementar la funcionalidad puede determinarse rápidamente

- No se llevan en documentos grandes o pesados, sino más bien en listas organizadas que pueden ordenarse más fácilmente y reordenarse a medida que se descubre nueva información

- No se detallan al principio del proyecto, sino que se elaboran sobre una base JIT – evitando así especificidad demasiado pronto, retardos en el desarrollo, inventario de requisitos y una declaración sobre-restringida de la solución.

- Necesitan poco o ningún mantenimiento y se pueden desechar con seguridad después de la implementación

- Las historias de usuario, y el código que se crea rápidamente a continuación, sirven como insumo para la documentación, la cual también es elaborada de manera incremental.

Ejemplo 2: La historia de usuario "Ingresar a la red social"

Un aspecto que viene con la simplicidad y el tamaño relativamente pequeño de las historias de usuario es que, por lo general, representan funcionalidades parciales, es decir, no indican funciones o procedimientos complejos y grandes que el sistema debe hacer. Por ejemplo, podríamos tener una historia llamada "**Ingreso Básico a la Red**" para especificar la entrada a una red social en Internet. El usuario es un "miembro de la red" y lo que hace más habitualmente este miembro es compartir enlaces con sus contactos. La historia luciría más o menos así:

Como: miembro de la red social

Quiero: ingresar a la red

Para: compartir un enlace

La "Narración" de las Historias de Usuario

Pero y ¿dónde están los detalles de la historia de usuario? ¿Cómo sabemos que efectivamente la historia descrita en el ejemplo anterior es simple y representa una funcionalidad parcial? ¿Cómo ingresa el usuario a la red? Estos pormenores se dan durante la Conversación y se especifican en los Criterios de Aceptación de la Historia. La **Conversación** representa una discusión entre el equipo, el usuario, el propietario del producto y los otros interesados, que es necesaria para determinar el comportamiento más detallado requerido para implementar la intención.

En el ejemplo citado, la conversación puede responder a preguntas como:

- ¿Qué información necesita el usuario proporcionar al sistema para ingresar?
- ¿Es obligatoria toda la información o puede ser parcial, esto es, hay datos opcionales?

- ¿Qué ocurre cuando la información está incorrecta o incompleta?

Encontrar respuestas a estas y a otras cuestiones relacionadas delimita la funcionalidad de la historia. Por ejemplo, en una primera entrega del software o salida a producción del mismo, podemos acordar con los usuarios tener solo la funcionalidad básica de ingreso, de allí el nombre de la historia establecido en la sección anterior. O sea, solo se solicitará un nombre de usuario y una contraseña con algunas características. A continuación, el sistema validará que el par nombre de usuario + contraseña coincidan y permitirá el ingreso del usuario, nada más. En caso contrario mostrará un mensaje advirtiendo la imposibilidad de ingreso a la red.

Entre tanto, los criterios de aceptación, llamados también Confirmación, representan las condiciones de satisfacción que se aplicarán para determinar si la historia cumple o no la intención, así como los requisitos más detallados. Es precisamente la **Prueba de Aceptación del usuario**, que muestra cómo el usuario confirmará que la historia se ha implementado a su entera satisfacción. Los flujos alternativos en la actividad, los límites de aceptación y otras clarificaciones deberían capturarse junto con la historia. Muchos de estos se pueden convertir en casos de pruebas de aceptación u otros casos de pruebas funcionales, para la historia.

En la historia "Ingreso Básico a la Red", estos criterios de aceptación podrían incluir:

- El nombre de usuario es la dirección de correo electrónico del usuario.

- La contraseña debe contener letras y números.

- La contraseña debe ser de al menos 8 caracteres y máximo de 32.

- El usuario ya debe estar registrado en la red social.

- Si la contraseña no coincide con el nombre de usuario, el sistema mostrará el mensaje "Combinación incorrecta de correo electrónico/contraseña".

- Entre otros.

Notamos de inmediato que en esta historia "Ingreso Básico a la Red" no se estableció nada acerca de olvido de la contraseña o del nombre de usuario, o qué ocurre luego de mostrar el mensaje sobre datos incorrectos, o de cambio de contraseña o de otras funcionalidades adicionales al ingreso como "No cerrar sesión", restablecer la contraseña, usar el número de teléfono móvil en vez del correo electrónico para ingresar o si la cuenta se bloquea al hacer varios intentos de ingreso fallidos y qué se debe hacer para restablecer el acceso, entre muchas otras cosas que giran alrededor del ingreso a la red. Estos detalles pueden hacer parte de otras historias a construirse más adelante para la versión actual del producto o para otras versiones sucesivas del producto.

Lo que hicimos con este ejemplo fue encontrar la historia de mayor valor para el negocio, es decir, esa funcionalidad o parte de la funcionalidad que será usada la mayor parte del tiempo por los usuarios y que, por consiguiente, permite obtener el máximo valor de negocio o el retorno de inversión más rápidamente posible. Recordemos que cuando se trata de desarrollo de software, las prácticas ágiles lo son porque permiten entrega rápida de valor. Hablaremos de este asunto en otra oportunidad porque nos parece vital a la hora de acoger los principios o pilares ágiles.

Ejemplo 3: La historia de usuario "Quiero publicar una entrada básica de blog"

Veamos un ejemplo completo de una historia de usuario relacionada con la creación de blogs y la publicación de entradas al blog.

5

Carta:

Como Bloguero (<rol de usuario>) quiero ser capaz de publicar entradas en un blog (<lo que hago con el sistema>) para aumentar mi credibilidad y posicionarme como experto en el área de mi interés (<valor del negocio que recibo>).

Conversación:

Pregunta 1 (P1). ¿Cuál es su área de interés? (El equipo al Bloguero)

Respuesta 1 (R1). El área de mi interés es la literatura contemporánea hispanoamericana

P2. ¿Cuál es el público esperado?

R2. El público esperado es el compuesto por jóvenes y adultos

P3. ¿Cuál es la frecuencia de publicación?

R3. El objetivo es publicar una entrada quincenal

(Sigue...)

En el caso de Scrum, esta conversación se da típicamente durante la planeación del sprint, al principio del mismo, y durante el sprint.

Confirmación (criterios de aceptación):

- El contenido de las entradas debe ser texto principalmente

- El sistema debe permitir entradas de hasta tres mil palabras

- Cada entrada debe llevar un título de hasta 256 caracteres

- Cada entrada debe publicarse en una página separada

- (Sigue…)

Este esquema estructural de la historia de usuario es lo que se conoce como la "**Aliteración Carta, Conversación, Confirmación**", propuesta por Ron Jeffries, uno de los cocreadores de *eXtreme Programming* o XP. Conocida también como las 3C. Pueden encontrar el modelo propuesto por Ron en:

http://xprogramming.com/articles/expcardconversationconfir mation/

¿Cuándo se usan las historias de usuario?

Dado su carácter de simplicidad y tamaño (pequeño), la poca información explícita que contienen, las historias de usuario se usan o son beneficiosas cuando hay requisitos cambiantes, lo que ocurre la mayor parte del tiempo, pero y más importante, cuando los usuarios o representantes de estos están disponibles sin protocolo para que el equipo de desarrollo resuelva todas las inquietudes que se le presenten mientras convierten la historia en· funcionalidad. En Scrum, por ejemplo, ese representante de los usuarios e interesados en el producto es precisamente el Dueño del Producto.

En otros apartados del libro proporcionaremos más ejemplos, buenas prácticas para identificar y documentar historias de usuario y hablaremos de los principales atributos de toda historia de usuario, agrupados bajo las siglas INVEST.

La Magia de las Historias de Usuario

O del desarrollo de software conducido por historias de usuario

Veamos un poco más en detalle esto que acabamos de explicar. Llevamos ya varios años conviviendo con las historias de usuario y hemos comprobado cómo es que conducen eficiente y efectivamente el desarrollo de software mejor que otros instrumentos.

La forma de las historias de usuario

Las historias de usuario tienen un formato libre y podrían expresarse como una necesidad funcional, por ejemplo:

> Consultar las películas de cine disponibles en un teatro cerca de mi casa

O como ya hemos establecido y es popular se pueden escribir con el siguiente formato:

> Como <rol> quiero/deseo/necesito <funcionalidad> para <beneficio de negocio>

De esta forma nuestro ejemplo quedaría:

> Como cliente deseo saber cuáles son las películas disponibles en un teatro cerca de mí casa para poder elegir qué película ir a ver el día de hoy

Esta forma tiene las ventajas de:

- Saber quién va a usar la funcionalidad y
- Comprender el beneficio del negocio de forma que el equipo pueda llegar a ese beneficio por distintos caminos

Y dónde está la magia...

Aunque el objetivo de las historias es habilitar la comunicación entre Cliente y Equipo (para el caso de Scrum, entre el Dueño del Producto y el Equipo de Desarrollo), dando cumplimiento al valor del manifiesto ágil:

Personas e interacciones sobre procesos y herramientas

Y al principio:

El método más eficiente y efectivo de **comunicar información** al equipo de desarrollo y entre sus miembros es la **conversación cara a cara.**

Una definición tan simple obliga al equipo a estar en comunicación con el Dueño de producto de la siguiente manera:

- Durante el Refinamiento y en la Planificación, el equipo pregunta al Dueño de producto el detalle de lo que quiere y lo que espera.

- En la Planificación, el equipo con base en lo conversado estima lo que va a construir en presencia del Dueño de producto.

- Durante el Sprint, el equipo clarifica con el Dueño de producto detalles menores olvidados.

- Pero de todo esto, lo que nos tiene maravillados **radica en los criterios de aceptación.**

Los criterios de aceptación nos permiten reconocer cuándo la historia está Terminada (o criterio de *Done* de Scrum), de esta forma el equipo de desarrollo no se pierde, pues todo su desarrollo está orientado al resultado esperado, o mejor, orientado a los casos de prueba más que a la especificación.

¡Esto es una ganancia enorme! Para quienes hemos padecido el desarrollo en cascada, la marcha de la muerte - o Desarrollo Orientado a la Frustración DOF - es la siguiente:

- **Analista:** El caso de uso es especificado con sus escenarios **de uso** (flujo básico, alternos y de excepción) -que a ratos solo los entiende el analista/desarrollador que los escribió -

- **Desarrollador:** Para cumplir con el caso de uso el desarrollador construye lo especificado en los **escenarios**

de uso y valida contra unos escenarios de prueba que "él cree" necesarios para cumplir la funcionalidad.

- **Probador:** luego el probador mucho más hábil en encontrar los errores (o enfocado en esa única tarea) construye n-mil casos de prueba a un solo escenario de uso (ejemplo flujo alterno 3) hasta que por fin le encontraba la caída al escenario del caso de uso y lo devolvía a desarrollo con un incidente o hallazgo (forma diplomática y "*very polite*" de decir *bug* o error).

- **Desarrollador:** el desarrollador dice "#$%#"% ese escenario YO NO lo consideré, no estaba escrito en ninguna parte, me demoraré un poco más en completar este caso de uso y entregarlo para pruebas".

- **Probador:** a lo que el probador responde "yo te entiendo, pero caso de prueba fallido es una forma de confirmar esa funcionalidad"

- **Desarrollador:** remata contestando el desarrollador "tienes razón, nos vemos en X días cuando termine el desarrollo y marque como cerrada tu anotación en el Bugtracker".

Y todos seguiremos tratando de dar lo mejor en un contexto que no lo permite y que por lo general termina en una serie de enemistades:

- Desarrolladores - Probadores: - pues los desarrolladores comienzan a ver con malos ojos a los probadores, por más claro que tengan el proceso de pruebas como una actividad de desarrollo.

- Gerente de proyectos - Equipo: pues piensa "como es que se continúan atrasando en el cronograma, como es que no identificaron ese escenario, pensé que tenía un equipo profesional".

- Cliente - Proveedor de desarrollo: pues el cliente piensa "como es que no son capaces de cumplir con lo especificado, casi que no completan esos casos de uso y miren todos los errores que tienen".

En cambio, en las historias de usuario ya sabemos cómo nos van a probar la historia y como se considerará TERMINADA.

Entonces para la historia de usuario que escribimos, **los criterios de aceptación serán:**

- que me liste de a 10, 20 o 50 películas con su respectiva imagen y una corta descripción

- que aparezca la calificación del público a la película

- que aparezca la crítica a la película

- que aparezca la distancia del cine a mi ubicación actual (tal vez esta pueda ser otra historia de usuario)

Aunque estos **criterios de aceptación** se expresan mejor en el formato BDD (Desarrollo conducido por comportamiento, por sus siglas en inglés), de la siguiente manera:

En inglés,

- GIVEN

- WHEN

- THEN

O en español

- DADO

- CUANDO

- ENTONCES

Ver más de BDD en:

- http://adrianmoya.com/2012/08/que-hay-en-una-historia/ (o su original en inglés http://dannorth.net/whats-in-a-story/.

- http://dannorth.net/introducing-bdd/

Este formato permite la automatización de pruebas funcionales y obvio la mejor escritura de criterios de aceptación, veamos:

Escenario 1: listar de a 10 películas

- **DADO** que me encuentro en cualquier sección de la aplicación

- **CUANDO** selecciono ver listado de películas

  - **Y** antes no se ha seleccionado una cantidad de lista diferente

- **ENTONCES** el sistema me listará las 10 películas

  - **Y** estás aparecerán en orden de estreno con su respectiva imagen y una descripción corta

Y de esta misma forma se seguirían escribiendo los otros criterios/escenarios de aceptación.

¿Y la interfaz gráfica y la arquitectura?

Pues tanto para la interfaz como para la arquitectura se definen unos lineamientos básicos para la aplicación antes de comenzar y estos irán evolucionando conforme pasa el tiempo. Si hay que definir algo de la interfaz gráfica se hará un boceto y se validará con el Dueño de producto durante el Sprint.

¿Y si queda faltando algo?

Fácil, estamos bajo el principio de transparencia,

- el equipo en la **Planificación** preguntó y

- el Dueño de Producto contestó, y

- con base en esto se estimaron unos PUNTOS DE HISTORIA (USER STORY POINTS),

- se realizó el *tasking* (lista de tareas) de lo que se iba a construir (identificación de las tareas para construir las historias de usuario), y

- se estableció el compromiso de las historias a construir en el Sprint.

- Por lo tanto, si quedó faltando algún escenario por contemplar, **SIMPLE:**

"ENTRA COMO UNA HISTORIA DE USUARIO NUEVA PARA EL BACKLOG DE PRODUCTO"

¿No les parece esto una maravilla? A nosotros sí.

Esta historia debe ser priorizada, además si no se identificó y es muy importante, podemos tranquilizar al Dueño de Producto diciéndole que en el próximo Sprint la incluimos, sprint que iniciará máximo en 2 semanas".

¿Y dónde quedan los bugs/incidencias/hallazgos o como le queramos decir?

Wow, este tema con la pregunta anterior era uno de los objetivos que teníamos en este apartado, la respuesta es otro *abracadabra*, **"DESAPARECEN o TIENDEN A CERO"** (nada por aquí, nada por acá, como diría Harry Houdini).

La razón es muy simple, si desarrollamos orientados a casos de prueba **una historia de usuario no estará finalizada hasta que** cumpla todos sus escenarios y cumpla todos los criterios de DONE, estos son:

- Cumplir los aspectos funcionales,

- Cumplir con los criterios de aceptación y de pruebas (ya sean estas manuales o automatizadas).

- Encontrarse desplegado y funcionando en un ambiente determinado, llámese ambiente de pruebas, preproducción, laboratorio, producción -en algunos casos, etcétera.

- Por lo tanto, si una historia de usuario esta "DONE" significa que:

- Fue probada y certificada por el equipo

- Fue aceptada por el Dueño de Producto

Si llegase a existir un "BUG", con plena seguridad afirmo que fue un escenario no identificado y por lo tanto una historia nueva debe implementarse.

De esta forma las historias de usuario **REALMENTE SÍ CONDUCEN Y DELIMITAN EL DESARROLLO** y se convierten en un punto de encuentro y de sincronización de imagen mental (entre Dueño de Producto y Equipo) de lo que se desea construir (ni una línea de código adicional más - pues no es necesaria -, ni una menos - pues no cumpliríamos el criterio de DONE -) y de lo que no se desea construir, pues respecto a esto último, no hay lío, pues nadie lo identificó, o no era necesario en el momento.

Adicionalmente, los costos por garantía también desaparecen o tienden a cero pues no habrá sorpresas de escenarios no cubiertos en producción.

En Resumen

Las grandes ventajas que hemos visto son:

- Estamos orientados al resultado y no a la especificación

- No quedan escenarios sin probar, pues estos son explicitados en los criterios de aceptación, situación que si sucede con los casos de uso.

- Lo que está por fuera de los criterios de aceptación simplemente se convierte en una nueva historia de usuario y se le asignara prioridad

- Cuando una historia de usuario está TERMINADA y con sus pruebas funcionales automatizadas, se puede dar por olvidada, en el sentido de que no nos tenemos que volver a preocupar por ella pues el desarrollo orientado a casos de prueba garantizará que no quedaron escenarios por cubrir.

Cómo luce una historia de usuario - un pequeño ejemplo

Veamos más en detalle de todo esto. Nuestro propósito es que cuando finalices la lectura de este libro te sientas cómodo con las historias de usuario y las empieces a usar como un instrumento de primera clase en todos tus esfuerzos de desarrollo de producto.

Cuando se explican las historias de usuario, las personas no creen que sean tan simples de escribir y creen que quedan cabos sueltos. La verdad es que sí son simples (es solo cumplir los criterios INVEST [2]) y no quedan cabos sueltos debido a dos elementos:

- Criterios de Aceptación

- Conversación

Las historias de usuario tienen dentro de sus objetivos:

- Sincronizar las expectativas del Dueño de Producto o usuario con el equipo respecto a una funcionalidad

- Servir como elemento que dirigirá la construcción del producto de software

A continuación, queremos compartir un ejemplo de cómo luce (o se ve) una historia de usuario:

El producto en cuestión es un sistema de líneas de crédito. Usaremos la forma Como <Usuario>, Quiero <Funcionalidad>, Para <Beneficio de negocio> que ya hemos explicado.

SOLICITUD DE INFORMACIÓN LABORAL DEL CLIENTE

Nota: El título no sobra, algunas veces también se le adiciona codificación a la historia, aunque esto no es tan importante.

Como **Cliente del Banco**

Quiero **Ingresar mi información laboral actual**

Para **Que el Banco determine si me puede hacer un préstamo o no**

Criterios de aceptación	Criterios de Aceptación
(se pueden manejar dos opciones) Criterios de aceptación en Prosa	en Formato BDD GIVEN – DADO WHEN – CUANDO THEN – ENTONCES (Este forma ayuda a que no queden cabos sueltos en la historia)
Que solicite lo datos de la empresa	**Escenario 1: Solicitar Datos de la empresa** **DADO** que me encuentro en la página de cliente **Y** se haya registrado al cliente como empleado **CUANDO** se soliciten los datos de la empresa **ENTONCES** se pedirá el nombre de la empresa.
Que solicite el NIT (Número de Identificación Tributaria) para las empresas) y lo valide	**Escenario 2: Solicitud de NIT** **DADO** que me encuentro en la página de cliente **Y** se haya registrado al cliente como empleado **CUANDO** solicite la información de NIT **ENTONCES** se verificará el número del NIT que su estructura sea correcta.
Que solicite salario actual	**Escenario 3: Solicitud de Salario** **DADO** que me encuentro en la página de cliente **Y** se haya registrado al cliente como empleado

	CUANDO me encuentre ingresando el salario ENTONCES verifique que el valor sea entero y positivo Y menor a $100.000.000
Que solicite fecha de ingreso a la empresa	**Escenario 4: Solicitud de fecha de ingreso** DADO que me encuentro en la página de cliente Y se haya registrado al cliente como empleado CUANDO me encuentre ingresando la fecha de ingreso a la empresa ENTONCES la fecha sea superior a 50 años antes a partir de hoy Y la fecha sea inferior a hoy
Que pida tres comprobantes de pago	**Escenario 5: Solicitud de 3** DADO que me encuentro en la página de cliente Y se haya registrado al cliente como empleado CUANDO me encuentre ingresando los comprobantes de pago ENTONCES solicite tres comprobantes de pago en formato imagen.

Conversación

La conversación es un conjunto de aclaraciones realizadas por el Dueño de Producto durante el refinamiento o la planificación y muchas de esas aclaraciones son solicitadas por los miembros del equipo para entender mejor las historias de usuario y comprender el negocio.

- Los datos de la empresa son nombre, teléfono y dirección

- Que la validación del NIT sea realizada directamente por la Dirección de Impuestos y Aduanas Nacionales (DIAN)

- El valor mínimo del salario del cliente debe ser el salario mínimo legal vigente, mismo que debe ser leído de una tabla de parámetros

- La fecha de ingreso a la empresa debe ser superior a 6 meses

- Los comprobantes de pago deben ser en formato jpg o gif y máximo de 2 megas cada uno.

Como fruto de una conversación puede resultar que se actualicen los criterios de aceptación o solo que se deje el registro aclaratorio.

Durante el sprint no se cambiarán los criterios de aceptación y en caso de que se observen más de estos, entrarán a hacer parte de otra historia de usuario que se construirá en otro sprint.

Donde seguir

Puedes ver otros ejemplos de historias de usuario en:

¿Qué hay en una historia? http://adrianmoya.com/2012/08/que-hay-en-una-historia/

WHAT'S IN A STORY? http://dannorth.net/whats-in-a-story/

Importante

La historia de usuario debe ser de un tamaño tal que a lo sumo tome 3 días una persona construirla, probarla (quedando con cero errores) y desplegarla en el ambiente de pruebas (o el ambiente indicado), de manera que el equipo de trabajo pueda decir tranquilamente y sin ningún temor **"¡ESTA LISTA PARA PRODUCCIÓN!"**

Referencias:

[1] WHAT'S IN A STORY? http://dannorth.net/whats-in-a-story/

[2] Características de una buena historia de usuario - http://lecciones-aprendidas.blogspot.com/2013/07/caracteristicas-de-una-buena-historia.html o en la sección del mismo nombre más adelante en el capítulo **Historias de usuario altamente efectivas**.

Otros ejemplos

Product Backlog Item 9: TR-Updater de Tiempo Real

Como OPERADORA

Deseo TENER LA ÚLTIMA VERSIÓN DE TIEMPO REAL

Para CONTAR SIEMPRE CON LA VERSIÓN MÁS ACTUALZADA DEL SISTEMA DE TRACKING

Escenario 1: verificando versión

DADO que hago clic en el ícono de tiempo real

CUANDO el sistema verifica que tengo la última versión

ENTONCES el sistema sacará un mensaje que diga "Verificando versión. Espere un momento..."

Nota: la verificación se realizará de la siguiente forma:

Al ejecutarse, el *updater* verificará la versión que está en la base de datos contra la versión que leerá el *updater* del ejecutable local, si la versión es igual solo abrirá la versión existente de tiempo real ubicada en la maquina local, en caso contrario descargará la última versión del repositorio y posteriormente abrirá la versión actualizada en la máquina local

Escenario 2: Tengo la última versión

DADO que estoy verificando versión

CUANDO se comprueba que tengo la última versión

ENTONCES El sistema llama a la aplicación de TIEMPO REAL permitiendo el ingreso de usuario y contraseña.

Escenario 3: No tengo en mi máquina la última versión

DADO que estoy verificando versión

CUANDO se comprueba que no tengo la última versión

ENTONCES El sistema descargará la última versión del repositorio oficial en la máquina local

Y eliminará la versión anterior

Y realizará la invocación de TIEMPO REAL permitiendo el ingreso de usuario y contraseña

Y Presentará la información de la versión de tiempo real en la parte superior derecha de la pantalla ejemplo: "Versión 1.0.1"

Product Backlog Item 161: Registrar REUNIONES para TR -- Validaciones

Como INGENIERO DE PRODUCCIÓN

Deseo REGISTRAR LAS REUNIONES

Para QUE LOS IMPRODUCTIVOS QUEDEN CORRECTAMENTE BIEN AFECTADOS

Criterios de Aceptación:

Que la pantalla tenga validaciones.

Nombre:

Máximo 20 caracteres: Si no se cumple poner mensaje de validación

Mínimo 5 caracteres: Si no se cumple poner mensaje de validación

Descripción:

Mínimo 5 caracteres: si no se cumple, poner mensaje de validación

Máximo 50 caracteres: si no se cumple, poner mensaje de validación

Que el campo quede como un área de texto de 2 renglones

Tiempo:

Mínimo 5 minutos: si no se cumple, poner mensaje de validación

Máximo 480 minutos: Si no se cumple poner mensaje de validación

Fecha:

Igual o superior a hoy: si no se cumple, poner mensaje de validación

Máximo un mes más: si no se cumple poner mensaje de validación

Que los tiempos se ingresen.

Que los tiempos estén en minutos.

Que aparezca un mensaje de éxito o de fracaso.

Que en la información de reuniones aparezca la columna fecha

Que se puedan quitar personas de la reunión

Que la invitación de usuarios que permita filtrar por usuarios (que yo ingrese "a" y traiga todos los de "a")

Que la invitación se pueda organizar por nombre

Tomado de:

¿Qué hay en una historia? http://adrianmoya.com/2012/08/que-hay-en-una-historia/

Como dueño de una cuenta

Quiero retirar efectivo de un cajero automático

De manera que pueda tener dinero cuando el banco esté cerrado.

Escenario 1: la cuenta tiene suficientes fondos

Dado que el balance de la cuenta es $100

Y la tarjeta es válida

Y el cajero tiene suficiente dinero

Cuando el dueño de la cuenta solicita $20

Entonces el cajero debe dispensar $20

Y el balance de la cuenta debe ser $80

Y la tarjeta debe ser retornada

Escenario 2: la cuenta no tiene suficientes fondos

Dado que el balance de la cuenta es $10

Y la tarjeta es válida

Y el cajero tiene suficiente dinero

Cuando el dueño de la cuenta solicita $20

Entonces el cajero no debe dispensar dinero

Y el cajero debe decir que no hay suficientes fondos

Y el balance de la cuenta debe ser $10

Y la tarjeta debe ser retornada

Escenario 3: La tarjeta ha sido bloqueada

Dado que la tarjeta está bloqueada

Cuando el dueño de la cuenta solicita $20

Entonces el cajero debe retener la tarjeta

Y el cajero debe decir que la tarjeta ha sido retenida

Ejemplo de una historia de usuario - Listado de Morosos

Vamos a ver esta historia en profundidad.

Sobre la imagen a continuación, con esto tratamos de ilustrar que las historias de usuario no siempre tienen que estar en un documento electrónico o estructurado. Recordemos que **lo importante de la historia es la conversación que se genera o se debe producir alrededor de la misma**. Por consiguiente, la forma y el utensilio que se use para documentarla pierden valor, sobre todo ante el consabido principio de la conversación cara a cara y el valor de la confianza en Scrum.

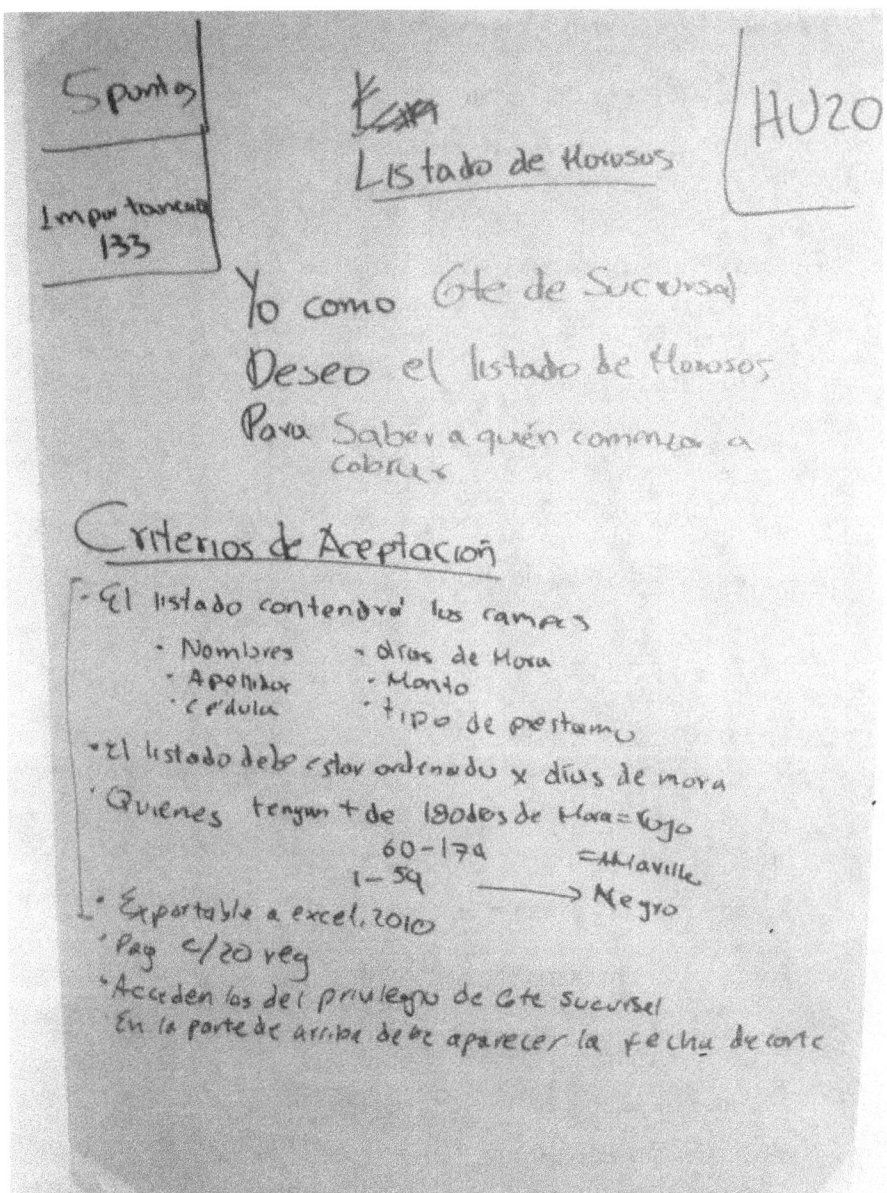

Por lo general queda puntuada en 5 puntos, tomando como pivote 1 día feliz o productivo, es decir, se toma por lo general 5 días en lograr la Definición de Terminado en la tecnología que cada quien maneja.

La transcribimos aquí para quienes la puedan usar:

Historia de usuario - Listado de morosos

COMO gerente de sucursal

DESEO el listado de morosos

PARA saber a quién comenzar a cobrar

Criterios de aceptación

- El listado contendrá los campos

  - Nombres

  - Apellidos

  - Cédula

  - Número de días de mora

  - Monto

  - Tipo de préstamo

- El listado debe estar ordenado por el número días de mora de forma descendente

- Quienes tengan mora

  - mayor a 180 días en color rojo

  - 60 a 179 en color amarillo

  - Los demás en color negro

- Que se pueda exportar a Excel

- Paginado por cada 20 registros

- Al informe solo puede acceder el Gerente de sucursal

- En la parte superior de reporte debe aparecer la fecha de corte (fecha en que se genera)

Ejemplo de otra historia de usuario - Ingreso al sistema

A continuación, presentamos un ejemplo de historia de usuario, bastante general (aplica para el 99.99% de los casos y sistemas) que puede ayudar a comprender mejor la escritura de las mismas:

Historia de Usuario: 20 - Ingreso al sistema

Como Usuario

Deseo ingresar al sistema

Para poder hacer uso de las funcionalidades del sistema

Criterios de aceptación

- Criterios de Aceptación 1: Ingreso exitoso

  Cuando el ingreso del usuario y contraseña son correctos

  Entonces el sistema permitirá el ingreso al sistema

- Criterios de Aceptación 2: Ingreso fallido

  Cuando el ingreso del usuario y contraseña son incorrectos

  Entonces el sistema NO permitirá el ingreso

  Y el sistema presentará una alerta con el siguiente mensaje: "Usuario o contraseña no válidos, por favor recuerde que tiene 4 intentos para ingresar al sistema, luego de esto su usuario será bloqueado"

- Criterios de Aceptación 3: Último ingreso fallido

  Cuando el ingreso del usuario y contraseña son incorrectos

  Entonces el sistema NO permitirá el ingreso

  Y el sistema presentará una alerta con el siguiente mensaje: "Su usuario se encuentra bloqueado, favor contacte al administrador del sistema o al teléfono # ### ### para que sean reestablecidos los accesos al sistema"

- Criterios de Aceptación 4: Ingreso a una URL o página no autorizada

  Cuando el usuario intente ingresar a una URL o pantalla en la que no tenga permiso

  Entonces el sistema no permitirá el ingreso a la dirección o pantalla solicitada

  Y no permitirá ninguna operación

  Y el sistema direccionará a la pantalla de ingreso

- Criterios de Aceptación 5: Sesión expirada

  Cuando la sesión haya expirado

  Entonces el sistema no permitirá ninguna operación

  Y el sistema direccionará a la pantalla de login

  Nota:

  Se deberá configurar en el sistema el tiempo máximo de sesión para el usuario.

- Criterios de Aceptación 6: Falta uno o más campos obligatorios

  Dado que no se ingrese en el formulario alguno de los datos obligatorios. Marcados con asterisco (*).

  Cuando el usuario pulse el botón "Ingresar"

  Entonces el sistema no permitirá el ingreso al sistema

  Y aparecerá el mensaje: "Por favor ingrese los campos obligatorios (*) faltantes:

  Usuario

  Contraseña"

Este puede ser el boceto o prototipo resultado de esta historia:

```
┌─────────────────────────────────────────────┐
│            INGRESO AL SISTEMA                 │
└─────────────────────────────────────────────┘
```

```
┌─────────────────────────────────────────────────┐
│                                                   │
│   Usuario      ┌──────────────────────┐  *        │
│                └──────────────────────┘           │
│   Contraseña   ┌──────────────────────┐  *        │
│                └──────────────────────┘           │
│                          ┌──────────────────┐     │
│                          │     Ingresar      │     │
│                          └──────────────────┘     │
│                                                   │
└─────────────────────────────────────────────────┘
```

Uso de historias de usuario en escenarios fuera de desarrollo de software

Historias de Usuario y Scrum para Equipos de Ingeniería Electrónica

Muchas veces nos hemos topado en las charlas de Scrum, en los dojos de historias de usuario (dojo = lugar de entrenamiento) con amigos agilistas que nos han preguntado: ¿cómo hago historias de usuario y Scrum si mi equipo es de ingeniería electrónica y trabajamos adaptando dispositivos electrónicos de los más diversos protocolos para nuestras soluciones? Algunas veces respondíamos:

- Debe ser lo mismo que en software

- Estás construyendo un producto, tiene que ser posible aplicar Scrum

- Invítame y miramos (pero no nos invitaban)

Lo bello de la vida es que te da la respuesta a las preguntas que le hacemos (o por lo menos así nos ha funcionado a nosotros). Por ejemplo, uno de nosotros (Jorge) trabajó en una empresa donde en efecto, tenían una solución hardware-software con dos equipos:

- Uno de ingenieros de software que trabajan desarrollo web sobre PHP

- Y otro de ingenieros electrónicos que trabajan adaptando dispositivos electrónicos y generando firmware respectivamente

En esta empresa Jorge se desempeñó como Director de Operaciones y Scrum Master. El gerente de la empresa es quien tiene la visión de los productos y es el Dueño de Producto (decidimos estos roles luego de pensar como adoptar Scrum en la organización).

En realidad, lo que hicimos fue introducir un poco más de disciplina en ambos equipos, firmware y software pues ya contaban con varias reuniones:

- Planificación

- Revisión

- Listado de requerimientos en un backlog

Y hubo un tiempo en que hacían juiciosos la reunión diaria, práctica que habían perdido, pero que recordaban.

Luego de trabajar un tiempo con el equipo de firmware Jorge comprendió varias cosas:

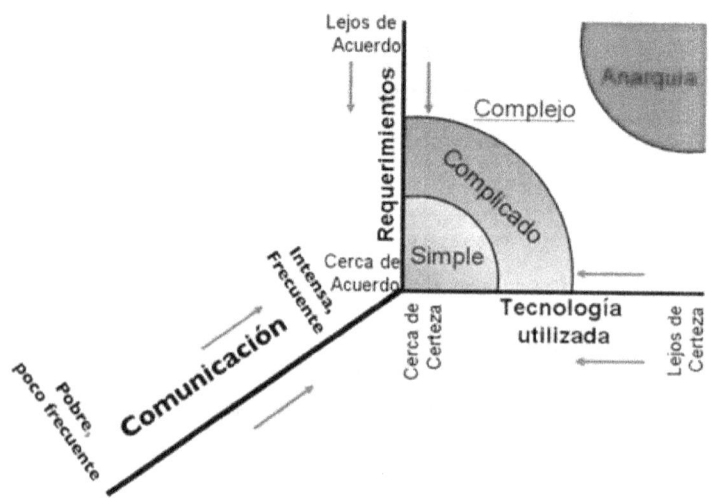

Fuente: *Strategic Management and Organizational Dynamics* by Ralph Stacey in *Agile Software Development with Scrum* by Ken Schwaber and Mike Beedle.

- Invierten un buen tiempo entendiendo el protocolo de funcionamiento de un dispositivo, luchando en el terreno de la anarquía o caos (ver imagen anterior) hasta que por fin desencriptan, logran comunicarse y hacer que el dispositivo haga lo que ellos quieren.

- Este tiempo en la anarquía o caos, en efecto, es un tiempo de ensayo y error, este tiempo no es estimable, se ponen una meta de lograr algo retándose para una fecha específica (por lo general lapsos mayores a 5 días), pero realmente no saben si lo van a lograr, a veces dicen: es probable que nos tardemos menos o más pues se parece a algo que ya habíamos trabajado, pero no es responsable comprometernos con una fecha.

- Luego de desencriptar el componente electrónico y su protocolo, los ingenieros **sí** son capaces de hacer estimaciones, pues caen en el terreno conocido de lo "complejo" y Scrum aplica perfectamente allí.

Después de entender esto, estuvimos mirando cómo escribir las historias de usuario, he aquí unos resultados interesantes (y que siguen usando hoy):

Historia de usuario

Título: Cambio de Contraseñas del panel

Descripción: crear un menú que permita personalizar las contraseñas del panel

Escenario 1: si no se han personalizado las contraseñas, el panel debe aceptar solo las contraseñas por defecto

Criterios de Aceptación:

DADO: que no se hayan personalizado las contraseñas

CUANDO: ingresen al nivel 1 o 2 del panel

ENTONCES: debe validar solo con las contraseñas por defecto

Escenario 2: si se ha personalizado la clave de un nivel, debe validar con esta clave personalizada y con las predeterminadas

Criterios de Aceptación:

DADO: que se haya personalizado la contraseña del nivel

CUANDO: ingresen al nivel personalizado

ENTONCES: debe validar con la contraseña personalizada o con las contraseñas por defecto

---

Historia de usuario

Título: Memoria SD- crear archivos en el interior de cualquier carpeta.

Escenario 1: la memoria SD tiene la carpeta ya creada, pero en su interior está vacía.

Criterios de Aceptación:

DADO: el encendido a la tarjeta

CUANDO: verifique por la existencia de los archivos

ENTONCES: si no existen los crea y guarda información de una venta en el mismo formato en el que se guardaría en el servidor.

Escenario 2: la memoria SD ya tiene el archivo con el nombre válido creado, pero está vacío.

Criterios de Aceptación:

DADO: La tarjeta SD en el sistema

CUANDO: el encendido a la tarjeta

ENTONCES: verificar la existencia del archivo en la ruta ya especificada.

Y: se verifica que el archivo esté vacío y se guarda la información en el principio del archivo como una venta completa en el formato en el que se envía al servidor

Escenario 3: la memoria SD ya tiene el archivo con nombre válido creado y ya tiene ventas o cualquier tipo de información almacenada.

Criterios de Aceptación:

DADO: el encendido a la tarjeta

CUANDO: va a guardar la información.

ENTONCES: verifica si el archivo existe,

Y: se posiciona al final del archivo

Y: guarda la información en el formato adecuado para que el servidor la reciba.

Hemos observado varias cosas:

- El equipo prefiere tener pocos criterios de aceptación
- Los eventos por lo general corresponden a eventos de hardware:
  - Envíos
  - Lecturas
  - Encendidos
  - Apagados
  - Estímulos de otros componentes
  - Etcétera
- Las respuestas son igualmente comportamientos de los componentes, ya sean en forma de:
  - Encendido de bombillos, leds, etcétera

- o Mostrar datos en un panel visualizador

- o Enviar datos

- o Registro y almacenamiento de datos

- o Entre muchos otros

Respecto a las historias, estas son estimadas en puntos, donde un punto es un DÍA FELIZ (Léase: día enfocado trabajando sin desconcentraciones)

Por lo general estimamos los puntos basados en la métrica del "clima del día anterior", pero nos comprometemos unos cuantos puntos más para ver si podemos alcanzar a hacerlos.

Y Scrum...

A pesar de realizar ciertas prácticas ágiles, el hecho de involucrar Scrum y otras técnicas más en su día a día le reportó beneficios al equipo:

- Compromiso y foco con lo que se va a realizar en el sprint

- Las retrospectivas dan elementos de mejora para el siguiente ciclo

- Durante el experimento se percibieron grandes ganancias en:

  - o El uso de criterios de aceptación, pues ya saben lo que esperan del desarrollo y no comienzan a trabajar de forma "desordenada" como se hacía antes

  - o Pruebas pares, pues ya no se escapan tantos escenarios, y permiten distribución del conocimiento

  - o La reunión diaria les sirve para sincronizarse y ayudar al compañero que esta "enredado" resolviendo una historia de usuario.

  - o Los tableros visuales y otros radiadores de información como el gráfico de trabajo pendiente (Burn-down chart en inglés) les ha permitido enfocarse y comprometerse más como equipo para lograr metas comprometidas.

- o El Scrum Master trabaja en la solución de los impedimentos, permitiendo foco al equipo.

En conclusión, no estábamos tan lejos cuando respondíamos **"debe ser lo mismo que en software"** pero definitivamente la experiencia es la mejor maestra y ya podemos brindar una mejor respuesta cuando nos pregunten sobre Scrum e historias de usuario en ambientes de ingeniería electrónica u otros escenarios.

Los modos de representación de las historias de usuario

Prerrequisitos:

- Entender el concepto de las tres CCC (1)
- Manejar el concepto de INVEST (2)

Las historias de usuario tienen muchas formas de representarse, pero lo más importante es la conversación que se suscita alrededor de ellas. En este apartado quisiéramos compartirles cuatro formas de representar una misma historia de usuario, cada equipo usará la que más le convenga.

Modo 1: Solamente el Título

Nivel de Madurez del Equipo y del Dueño de Producto: alto

Ejemplo:

HU25: Registro de datos personales

Nota: todos los ejemplos consideran que tanto el equipo conoce la tecnología y tiene el contexto apropiado del sistema y su propósito.

Es cierto, con el solo título sería suficiente, en cuanto a la forma de representación de la historia de usuario.

¿Ahora qué sucede?, es obvio que algo falta – en nuestro país diríamos a eso le cabe un tren de lado –, es necesario que se dé una conversación entre el Dueño de Producto (PO) y el Equipo, y que el PO explique qué espera de la historia, cuanta información capturar, que validaciones hacer y el equipo determine si todo lo que se requiere puede construirse en un tiempo prudente (3 a 5 días) – ver sección "Esfuerzos Sugeridos de Historias de Usuario según la Duración del Sprint" o el artículo relacionado en:

http://www.lecciones-aprendidas.info/2017/05/Tamanos-sugeridos-de-historias-de-usuario.html –clic aquí – o se requiere acotar de forma que se cumplan tanto los criterios de CCC como los de INVEST.

Este tipo de historias requieren de un Dueño de Producto comprometido con el equipo, que esté dispuesto a aclarar cualquier duda durante el sprint y su discurso sea consistente todo el tiempo, es decir, que no haya variabilidad en lo que requiere.

Modo 2: el Título + la descripción de Mike Cohn

Nivel de Madurez del Equipo y del Dueño de Producto: alto

Ejemplo:

HU25: Registro de datos personales

Como **POSIBLE ARRENDATARIO**

Deseo/Quiero/Necesito **INGRESAR LOS DATOS PERSONALES**

Para **PODER SER UN CANDIDATO ELEGIBLE PARA EL ARRENDAMIENTO DE LA PROPIEDAD**

Igual que en el caso anterior, es obvio que no es suficiente, es necesario que se dé una conversación entre el Dueño de Producto para aclarar expectativas y cumplir CCC e INVEST. Y de la misma forma se requiere de un Dueño de Producto comprometido con el equipo, que esté dispuesto a aclarar cualquier duda durante el sprint y su discurso sea consistente en el tiempo.

Modo 3: el Título + el boceto

Nivel de Madurez del Equipo y del Dueño de Producto:
intermedio

Ejemplo:

HU25: Registro de datos personales

Este caso si es más claro que se desea de la historia de usuario sin que nadie la explique, tal vez con solo verla sepamos que se está esperando, pero es posible que se requiera una conversación para precisar aspectos. Nuevamente aplica el cumplir CCC e INVEST entre PO y Equipo.

A pesar de los beneficios de esta representación, aun así, es posible que se necesite la presencia del PO para aclarar inquietudes durante el sprint o el proceso de codificación.

Modo 4: el Título + La descripción de Mike Cohn + Los criterios de aceptación en prosa + (boceto - opcional)

Nivel de Madurez del Equipo y del Dueño de Producto: principiante

Ejemplo:

HU25: Registro de datos personales

Como <u>POSIBLE ARRENDATARIO</u>

Deseo/Quiero/Necesito <u>INGRESAR LOS DATOS PERSONALES</u>

Para <u>PODER SER UN CANDIDATO ELEGIBLE PARA EL ARRENDAMIENTO DE LA PROPIEDAD</u>

Criterios de Aceptación

- Se requieren capturar los campos de:
  - Nombres
  - Apellidos
  - DNI
  - Fecha de nacimiento
  - Nacionalidad
  - Ciudad de Nacimiento
  - Dirección Actual
  - País de Residencia
  - Estado/Provincia
  - Ciudad
- Todos los campos son obligatorios
- Los países, estados/provincias y ciudades se tomarán de la base de datos
- El DNI tendrá las validaciones requeridas por ley

En este caso si es más claro lo que se requiere, nos aproximamos más a una especificación y si existen ambigüedades o dudas pueden ser resueltas durante la Planificación o durante el Sprint. Se siguen cumpliendo tanto las CCC, como los criterios INVEST.

El boceto puede ser un buen complemento para este modo de representación.

Modo 5: el Título + La descripción de Mike Cohn + Los criterios de aceptación escritos como BDD + (boceto - opcional)

Nivel de Madurez del Equipo y del Dueño de Producto: junior

Lectura Previa: ¿Qué hay en una historia? http://adrianmoya.com/2012/08/que-hay-en-una-historia/ - traducido por Adrián Moya.

Ejemplo:

HU25: Registro de datos personales

Como POSIBLE ARRENDATARIO

Deseo/Quiero/Necesito INGRESAR LOS DATOS PERSONALES

Para PODER SER UN CANDIDATO ELEGIBLE PARA EL ARRENDAMIENTO DE LA PROPIEDAD

Criterios de Aceptación

CA1: Ingreso de datos

DADO que el usuario se encuentra en la página de registro

CUANDO seleccione la pestaña de datos personales

ENTONCES el sistema le pedirá los campos

Se requieren capturar los campos de:

- Nombres
- Apellidos
- DNI
- Fecha de nacimiento
- Nacionalidad
- Ciudad de Nacimiento
- Dirección Actual
- País de Residencia
- Estado/Provincia
- Ciudad

CA2: validación de ingreso de datos

DADO que el usuario ingresó los datos requeridos

Y existe al menos un campo sin diligenciar

CUANDO seleccione enviar

ENTONCES el sistema le presentará un mensaje informándole el/los campos sin diligenciar

Y el/los campo(s) sin diligenciar aparecerán remarcados en color rojo

Y no permitir guardar los datos

CA1: Validación de DNI

DADO que el usuario ingresó el DNI

CUANDO el usuario cambie de campo

ENTONCES el sistema validará las restricciones asociadas al DNI (ver documento de REGLAS DE VALIDACIÓN DE DNI.DOCX en el repositorio)

Y presentará los errores asociados

Y no permitirá avanzar a otro campo hasta que sean corregidos

---

Este caso, al igual que el anterior, es muy claro lo que se requiere, expresa un comportamiento de la interfaz, es una especificación y si quedó alguna duda o ambigüedad estas pueden ser resueltas durante la Planificación o durante el Sprint. Se siguen cumpliendo tanto las CCC, como los criterios INVEST.

El boceto puede ser un buen complemento para este modo de representación.

Cerrando

Vemos que podemos usar varios modos de representación de las historias de usuario según convenga a tu equipo y contexto.

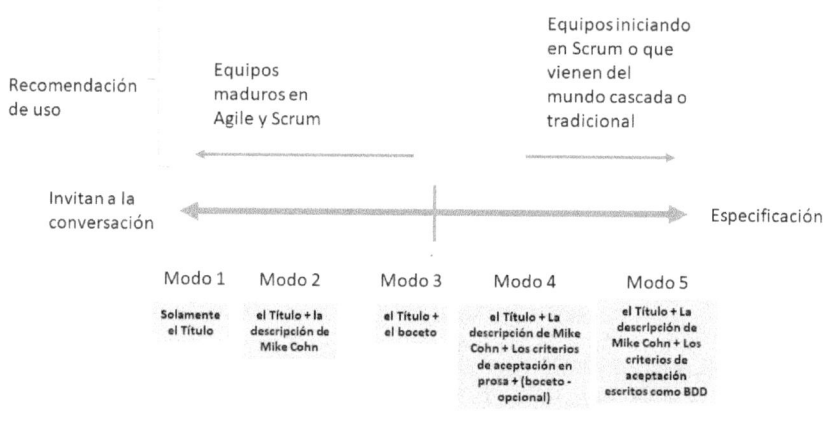

By @jorge_abad

Referencias

1. Artículo Original escrito por Ron Jeffries
    http://xprogramming.com/articles/expcardconversation
    confirmation/

2. INVEST in Good Stories, and SMART Tasks. Bill Wake.
    http://xp123.com/articles/invest-in-good-stories-and-
    smart-tasks/

Historias de Usuario Altamente Efectivas

Veamos algunos ejemplos de historias de usuario, al menos, en lo que tiene que ver con su primera parte, la así llamada Carta (de intención) de la historia:

Ejemplo 1:

Como: editor <<Rol>>

Quiero: leer un libro <<Actividad>>

Para: estudiar la viabilidad de publicarlo <<Valor para el negocio>>

Ejemplo 2:

Como: bloguero

Quiero: recibir alertas de los comentarios hechos por mis lectores

Para: responder los comentarios lo más pronto posible y mantener una comunicación fluida con mis lectores

Ejemplo 3:

Como: miembro de la red social

Quiero: ser capaz de cambiar mi contraseña de acceso

Para: evitar suplantaciones de identidad o accesos no autorizados a mi cuenta

Ejemplo 4:

Como: usuario del cajero electrónico (ATM)

Quiero: programar el pago de mi factura de servicios públicos

Para: viajar tranquilamente sin que me suspendan los servicios y no perder tiempo haciendo diligencias innecesarias

Recordemos que el **Rol** representa quien está ejecutando la acción o quizás quien está recibiendo el valor de la actividad. Normalmente se refiere a un grupo de usuarios o puede ser incluso otro sistema, si es el que ha iniciado la actividad. Entre tanto, la **Actividad** representa la acción a ser ejecutada por el sistema y el **Valor para el Negocio** representa el valor de la funcionalidad para el negocio y para los usuarios que la ejecutan. Esta forma de historia de usuario, llamada a veces "**la voz de la historia de usuario**", mejora significativamente el entendimiento del *por qué* y el *cómo* que los desarrolladores necesitan para implementar un sistema que cumpla verdaderamente las necesidades de los usuarios.

Cada elemento proporciona un contexto importante y expansivo. El *rol* permite una segmentación de la funcionalidad del producto y típicamente genera otras necesidades basadas en ese rol y también suministra un contexto para la actividad. La *actividad* típicamente representa el 'requisito' necesitado por el rol. Y el *valor* comunica por qué es necesaria la actividad, la cual puede conducir muchas veces al equipo a encontrar posibles actividades alternativas que pueden proveer el mismo valor con menos esfuerzo.

Obsérvese que el valor puede ser distinto para el mismo rol y para la misma actividad. Por ejemplo, otros "blogueros" podrían querer el sistema para:

- Brindar un mejor servicio al cliente (cuando se trata de un negocio)

- Crear o incrementar el tráfico hacia un sitio específico

- Lograr reconocimiento

- Tener una voz (hacerse con una voz)

- Para que la gente lo encuentre (un *independiente*, por ejemplo)

- Ofrecer sus propios productos y servicios

- Lograr un crecimiento profesional a largo plazo y continuo

- Recibir retroalimentación "temprana" sobre los temas tratados para escribir un libro

- Etcétera

Cada uno de estos valores o metas para el negocio generan o pueden generar historias distintas. Ahora bien, todas estas historias tienen algunas cosas en común:

- Son independientes unas de otras, aun si representan características del mismo sistema.

- Sus características y su intención se pueden negociar entre el equipo de desarrollo y el usuario.

- Tienen cierto valor para el usuario, unas más que otras.

- El esfuerzo requerido para su construcción, es decir, para su conversión a una funcionalidad de software, se puede estimar con muy poco trabajo, usando técnicas simples.

- Son pequeñas, en el sentido de sucintas y la funcionalidad que se produce a partir de ellas también.

- Sus criterios de aceptación y su funcionalidad se pueden certificar, es decir, verificar y validar mediante un procedimiento sencillo y viable, tanto en lo económico como en lo técnico.

Estos aspectos comunes constituyen lo que se conoce como los atributos **INVEST** de las historias de usuario. INVEST es un acrónimo acuñado por Bill Wake para referirse a ciertas propiedades que deberían tener una buena historia de usuario:

- **I**ndependiente

- **N**egociable

- **V**aliosa

- **E**stimable

- **S**ucinta o pequeña

- **T**. Comprobable (que se pueda probar)

En inglés **I**ndependent, **N**egotiable, **V**aluable, **E**stimable, **S**mall (o **S**ized appropriately) y **T**estable.

En el siguiente capítulo abordaremos en detalle cada una de estas cualidades.

Características de una buena historia de usuario

Pero antes, veamos un enfoque práctico de estos criterios. Esta es nuestra lista de verificación al momento de revisar una historia de usuario.

Luego de hacer la **CCC (Carta, Conversación, Confirmación)**, definitivamente el criterio más importante que usamos es este de INVEST:

- **I**ndependiente: no requiere de otra

- **N**egociable: se puede reemplazar por otra de diferente prioridad

- **V**alor: que sea necesaria y de valor para el proyecto

- **E**stimable: que el equipo se sienta tranquilo y seguro estimándola.

- pequeña**S**: que no sean grandes, funcionalidades pequeñas

- **V**erificable: que se le puedan realizar pruebas. O que sea **comprobable**, como indicamos en el apartado inmediatamente anterior.

En la práctica esto significa:

- que su tamaño no supere los 3 a 4 días de una persona enfocada desarrollándola. (Asociado al criterio de **Pequeña**). Por supuesto, hay excepciones, pero trataremos al máximo que durante la Planificación no se supere esta condición.

  Razón: hemos observado que historias más grandes quedan mal estimadas por más buena intención que tenga el equipo de desarrollo. Además, el equipo se siente seguro y cómodo con este tamaño de historia. Una tarea de un Scrum Master extraordinario es determinar cuál es el rango apropiado para su equipo.

- Que su implementación sea "vertical", es decir, que toque todas las capas o que el resultado de su implementación tenga sentido para el Dueño de Producto o Cliente. Es decir, en caso de hacer desarrollos asociados exclusivamente a la base de datos o a temas complejos, por ejemplo, que no logran verse reflejados fácilmente por el Dueño de Producto, sugerimos crear historias técnicas en las cuales se le explique al Dueño de Producto o usuario el valor vinculado a las mismas en el proyecto. (Asociado al criterio de **Valor**).

  Razón: evitamos al máximo historias técnicas pues son de difícil justificación - aunque no imposible, pues si son necesarias se hacen -, pero la razón principal es que este tipo de historias habilita el crecimiento orgánico.

- Que tenga a lo sumo entre 3 y 7 criterios de aceptación. (Asociado a los criterios de **Pequeña, Verificable** y **Estimable**).

  Razón: si hay más de 7 criterios, se puede dividir la historia; si tiene menos de 3, se puede agrupar con otra.

- Que se pueda dividir cuando sea muy grande. (Asociado a los criterios de **Pequeña, Verificable** y **Estimable**).

  Razón: la gran mayoría de las historias grandes se pueden dividir, esto permite más maniobrabilidad al equipo al momento de implementación. Y mayor precisión a la hora de estimar.

- Preguntar lo más que se pueda sobre la **necesidad** de la historia de usuario. (Asociado al criterio de **Valor**).

  Razón: después de muchos sprints y aprendizaje continuo, hemos aprendido a preguntar para ciertas historias que percibimos innecesarias (validaciones de negocio excesivas, autocompletar recargados, etcétera):

  - ¿Bien, es de valor, pero es necesaria?

- ¿Cuántas personas la usarán?

- ¿Cuántas veces la usarán en el año?

- ¿Es realmente útil?

- ¿Prefieres al equipo trabajando en esa **"validación xxx"** -por poner un ejemplo- que en esta otra historia de usuario que agrega más valor al negocio?

- ¿Podemos postergar esto para el final y hacer otra cosa más urgente sobre la que tenemos clara la necesidad de implementación? (principio de LEAN - aplazar las decisiones)

Respecto a la iteración o sprint

- Buscamos siempre trabajar con al menos 6 historias de usuario por iteración.

  Razón: de esta forma el equipo tiene en qué trabajar, con menos de este número de historias de usuario hemos encontrado que los miembros del equipo se obstaculizan entre sí.

- El Scrum Master o un mentor trabaja junto con el Dueño de Producto para que existan al menos otras seis historias adicionales

  Razón: tener backlog disponible y preparado para posibles reemplazos o negociaciones.

- Trabajamos junto con el Dueño de Producto para que se tengan definidas historias de usuario al detalle para al menos los próximos 2 Sprints (completamente elaboradas, cumpliendo INVEST) y un sprint adicional con historias de usuario sin mucho detalle.

  Razón: tener claro hacia dónde va el producto.

- La evolución del producto está guiada por el Mapa de Historias de Usuario (*User Story Map*) u otro instrumento que haya permitido al equipo establecer la visión y el alcance del producto, el cual tiene los objetivos de cada *Release* y las historias épicas que contendrá.

Razón: tener claridad hacia dónde va el producto y saber cuan cerca estamos de hacer una liberación o *release*.

Cualidad Independiente

Profundicemos en esto de los criterios INVEST. Empecemos por el atributo de Independiente.

Para entender mejor este rasgo de las historias de usuario, veamos un par de historias **dependientes** entre sí:

Historia Dependiente 1

Como: Editor

Quiero: establecer las reglas de seguridad de la contraseña de los blogueros

Para: que los blogueros se obliguen a crear y retener contraseñas seguras, manteniendo seguro el sistema.

Historia Dependiente 2

Como: Bloguero

Quiero: Seguir las reglas de seguridad de las contraseñas establecidas por el Editor

Para: que mi cuenta se mantenga bastante segura.

A todas luces es evidente que completar la historia del Editor no deja el producto en un estado de potencialmente distribuible, por lo tanto, no tiene valor o no es valiosa por sí sola para el negocio. Esto ocurre porque la historia del Editor solo es verificable en cuanto a establecer, eliminar y preservar la política, pero no es verificable cuando de hacerla cumplir al bloguero. Reconsiderando las historias y el diseño del sistema, podemos eliminar la dependencia dividiendo las historias de una manera diferente, en este caso, a través de los tipos de políticas de seguridad aplicadas y combinando la configuración de la política con normas para hacerlas cumplir en cada historia:

Historia independiente 1

Como: Editor

Quiero: establecer el período de expiración de la contraseña

Para: que los blogueros se vean forzados a cambiar sus contraseñas periódicamente.

Historia Independiente 2

Como: Editor

Quiero: establecer las características de solidez de la contraseña

Para: que los blogueros deban crear contraseñas difíciles de jaquear o de descifrar.

Ambas historias están escritas desde el punto de vista del Editor. Esto es así porque los blogueros simplemente "usan" o "consumen" las restricciones impuestas por el Editor. En el segundo ejemplo, cada historia puede valerse (y valorarse) por sí misma y puede desarrollarse, verificarse y entregarse independientemente. Una buena práctica es preguntarnos para cada Historia de Usuario si hemos hecho todo lo posible para que esta sea independiente del resto. La independencia permite además construir la historia, es decir, convertirla en software funcionando, en iteraciones diferentes o aun en entregas distintas del mismo proyecto.

Ahora bien, la dependencia entre historias de usuario se presenta de distintas formas. Bill Wake, el creador del modelo INVEST, describe tres tipos comunes de dependencia: de Superposición, de Orden y de Contención.

Dependencia por Superposición de Funciones

El primero de estos casos es el más doloroso de todos. El siguiente par de historias nos muestran esta situación:

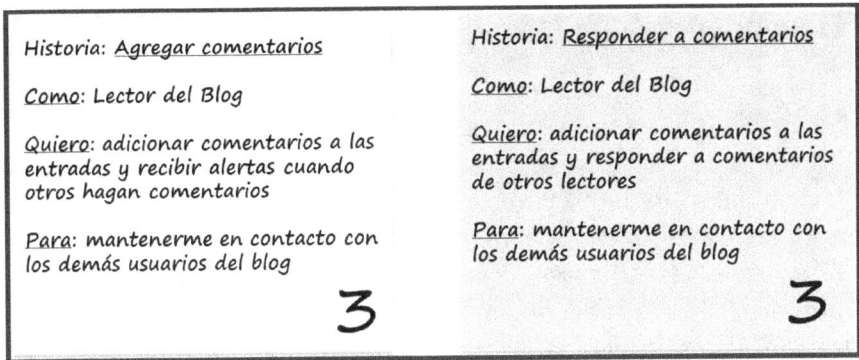

Figura 1: Historias dependientes por superposición de funciones

Observemos la actividad (el "Quiero") de estas historias. La conjunción "Y" presente en cada una de ellas ya hace que estas historias sean "sospechosas". Por supuesto, la superposición se da entre dos o más historias y lo que procede es tratar de reducir o de eliminar la trasposición de funciones. En el caso actual podemos convertir estas dos historias en tres, teniendo en cuenta que "Agregar comentarios a las entradas" se repite en ambas historias:

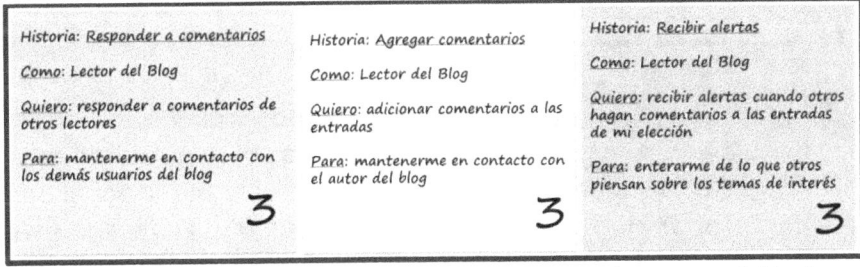

Figura 2: Historias independientes luego de remover la superposición de funciones

Como siempre debe ocurrir con las historias de usuario, las estamos viendo desde el punto de vista del usuario, no de lo que tenemos que hacer para implementarla. En este sentido, seguramente parte de la funcionalidad de agregar comentarios, sino toda, se comparte con la de Responder a Comentarios, pero eso es un asunto técnico que poco o nada interesa a quien usará las funcionalidades una vez estén expuestas. No se trata de interposición técnica, sino funcional.

Dependencia por Orden de Funciones

Esta es quizás la dependencia a la que estamos más atentos. Se trata de esas funciones de la solución que se deben implementar antes que otras. Pero también son dependencias fáciles de remover cuando se presentan. Por ejemplo, para agregar o responder a comentarios a las entradas, el lector del blog debe identificarse primero y para ello debe registrarse primero. Es la secuencia del proceso de negocio y, por consiguiente, funcional. Estas historias pueden lucir como se muestra en la figura a continuación:

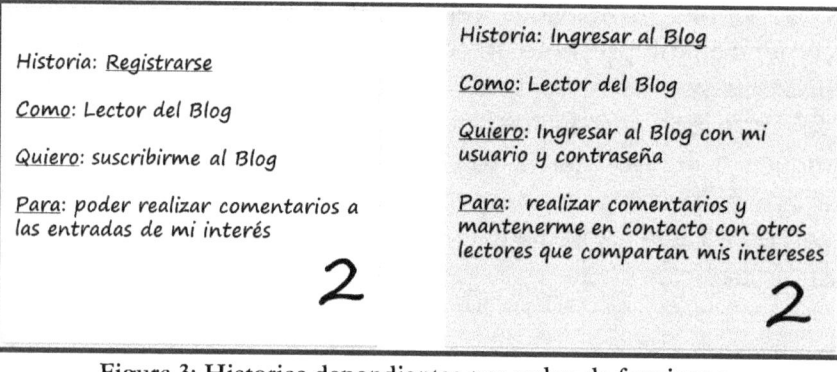

Historia: _Registrarse_

Como: Lector del Blog

Quiero: suscribirme al Blog

Para: poder realizar comentarios a las entradas de mi interés

2

Historia: _Ingresar al Blog_

Como: Lector del Blog

Quiero: Ingresar al Blog con mi usuario y contraseña

Para: realizar comentarios y mantenerme en contacto con otros lectores que compartan mis intereses

2

Figura 3: Historias dependientes por orden de funciones

En principio, el registro (registrarse) puede evitarse matriculando "a mano" las primeras cuentas para que el sistema comience a funcionar o, incluso, se puede usar la funcionalidad de Ingresar al Blog para hacer el registro sin que el usuario esté consciente de ello. Pero Ingresar al Blog también se puede dejar para después de Agregar Comentarios y realizar una entrega de la solución donde los lectores puedan adicionar comentarios sin tener que identificarse. Como siempre lo que prima es implementar primero lo de mayor valor para el negocio (para el Dueño del Producto) y lo de mayor riesgo. En este caso, con la historia Agregar Comentarios se logran ambos cometidos.

Dependencia por Contención

Se trata de esas historias que hacen parte de otra, llamadas así sub-historias o algo por el estilo. La confusión se hace latente cuando decidimos aceptar la jerarquía típica de las historias en Épicas y Temas, que son técnicas para describir un sistema de software. Pero dejando de lado esa clasificación, lo que debemos tener en cuenta es que la ordenación o estructura de un sistema casi nunca coincide con la agenda de su implementación. Pensemos por ejemplo en la historia Ingresar al Blog de la sección anterior.

Esta historia podría incluir una funcionalidad para recordar el nombre de usuario al lector del blog o una para restablecer la contraseña si está se ha olvidado, o ambas. Decimos que estas dos funcionalidades adicionales están contenidas en la funcionalidad de la historia Ingresar al Blog que se transforma así en una épica. La carta de intención de estas historias podría lucir como en la siguiente figura:

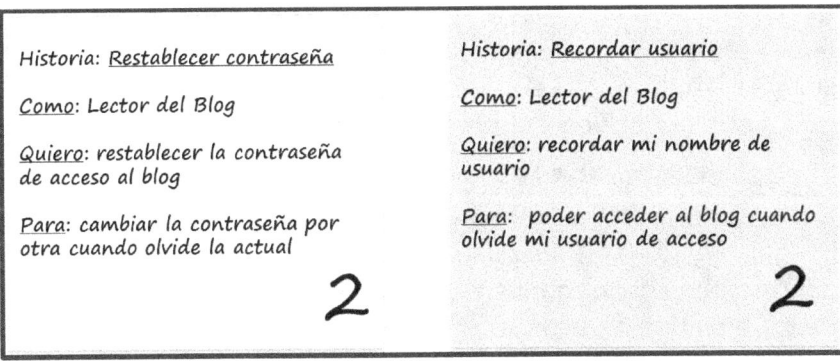

Figura 4: Historias dependientes por contención de funciones

Lo que puede ocurrir al implementar la historia Ingresar al Blog como un todo es que encontremos dos enlaces rotos en la funcionalidad ("Restablecer contraseña" y "Recordar usuario") hasta tanto estas dos últimas historias no se implementen. Y si esto no se logra durante la misma iteración (Sprint) entonces no tendríamos un incremento del software funcionando potencialmente distribuible, al menos, no uno completo.

En cambio, si tratamos estas historias como totalmente independientes y los enlaces "Restablecer contraseña" y "Recordar usuario" los tratamos en cada historia respectiva, al terminar de implementar la historia Ingresar al Blog sí tendremos un incremento funcional distribuible. Otra vez, el valor para el negocio y el riesgo son dos aspectos muy importantes a tener en cuenta a la hora de tomar una decisión sobre cual historia implementar primero y cual historia construir después. En este caso, el tamaño (cualidad que abordaremos en otra sección), también juega un papel significativo.

Comentarios Finales

Aplicar el modelo INVEST a cada historia de usuario es una tarea compleja y lleva tiempo lograr los resultados que queremos. En particular, lograr que todas las historias sean independientes es una labor colosal que puede retrasar el proyecto innecesariamente si no tenemos la experiencia suficiente. Contar con un equipo multidisciplinario, maduro y conocedor profundo de estos atributos ayuda. De lo contrario, la I de INVEST no será por Independiente sino por Imposible. La buena noticia es que no tenemos que hacerlo todo de una vez. Como siempre, aplicamos el enfoque iterativo y a medida que refinamos el backlog del producto, podemos tratar los asuntos de dependencia entre una historia y otra.

Hasta aquí nuestro enfoque sobre la independencia en las buenas historias de usuario. En el próximo capítulo abordaremos el no menos espinoso asunto de la Negociabilidad de las historias de usuario.

Cualidad Negociable

Una buena historia de usuario permite que entre el negocio y el equipo del proyecto haya arreglos flexibles o un balance entre la funcionalidad a construir y las fechas de entrega. Un aspecto importante a tener en cuenta es que una historia de usuario se puede convertir fácilmente en dos o más, adicionando o eliminando criterios de aceptación, modificando el objetivo o valor del negocio de la historia y aun la misma actividad que implementa la historia. Los buenos equipos de desarrollo detectan a tiempo y rápidamente los aspectos que se pueden negociar de una historia con el usuario (por ejemplo, con el Dueño del Producto) y establecen las razones por las cuales debería modificarse el alcance expuesto en una historia o la fecha de entrega de la misma.

Esta última puede ser en una iteración posterior, en una entrega (*release*) futura, o en una eventual versión que esté pendiente por definir. Una práctica útil en estos casos es clasificar las historias en:

- Requeridas o críticas
- Importantes
- Opcionales
- No se construirán

Esta clasificación también nos ofrece un marco de negociación. Incluso una tipificación de este tipo se puede aplicar rápidamente a cada criterio de aceptación de la historia, lo que permitiría ampliar el margen de negociación con los usuarios o con el negocio. Las historias requeridas son aquellas sin las cuales la solución no puede vivir (van en las primeras entregas). En la práctica, son los usuarios quienes no pueden vivir sin tales funcionalidades. Entre tanto, las importantes son aquellas sin las cuales el sistema puede vivir durante algún tiempo, es decir, podemos salir a producción sin estas, pero van en las entregas intermedias del proyecto.

Las historias opcionales, por su parte, son aquellas funcionalidades conocidas coloquialmente como las "buenas, bonitas y baratas", es decir, aquellas que si hay tiempo y presupuesto se construyen y van en las entregas finales del proyecto. En ocasiones también es importante establecer funcionalidades que no se construirán debido quizás a restricciones de presupuesto o de tiempo o simplemente porque no tienen ningún valor para el negocio.

Historia Negociable 1

ID: Hacer una entrada básica al blog

Como: Bloguero

Quiero: hacer una entrada al blog

Para: posicionarme como experto en un tema específico

Criterios de Aceptación:

- Debo ser capaz de publicar contenido multimedia (imágenes y video)

- El texto de la entrada debe ser enriquecido (que permita enlaces Web, formato, etcétera)

- La entrada se debe poder compartir vía redes sociales

- La entrada se debe poder imprimir

- La entrada se debe poder enviar vía correo electrónico

Durante la negociación podemos llegar a acuerdos con los usuarios, por ejemplo, en una primera iteración podríamos solo permitir la publicación de texto en la entrada, más adelante podríamos permitir la adición de contenido multimedia. En otra iteración, quizás en otra entrega, podremos permitir que la entrada se comparta vía redes sociales y por correo electrónico. Incluso podríamos llegar a la conclusión de no implementar la funcionalidad de impresión de la entrada y dejar simplemente que el lector imprima usando las características que vienen con su navegador Web.

Las cosas así, esta historia de usuario podría convertirse en:

ID: Hacer una entrada básica al blog

Como: Bloguero

Quiero: hacer una entrada al blog

Para: posicionarme como experto en un tema específico

Criterios de Aceptación:

- El texto de la entrada debe ser enriquecido (que permita enlaces Web, formato, etcétera)

Los demás criterios de aceptación estarán presentes en otras historias "Hacer una entrada al blog", como por ejemplo:

ID: Hacer una entrada al blog para compartir

Como: Bloguero

Quiero: hacer una entrada al blog

Para: posicionarme como experto en un tema específico

Criterios de Aceptación:

- La entrada se debe poder compartir vía redes sociales
- La entrada se debe poder enviar vía correo electrónico

O esta otra:

ID: Hacer una entrada básica al blog con contenido multimedia

Como: Bloguero

Quiero: hacer una entrada al blog

Para: posicionarme como experto en un tema específico

Criterios de Aceptación:

- Debo ser capaz de publicar contenido multimedia (imágenes y video)

Recomendaciones

La negociación de las historias de usuario es parte fundamental de todo proyecto ágil. Y como en todo proyecto ágil, es necesario tener a los usuarios, representados quizás por un Dueño de Producto, y al equipo de desarrollo, del mismo lado. Habrá una negociación fluida si el usuario está realmente interesado en el éxito del proyecto, si está dispuesto a comunicarse de manera efectiva y a trabajar con el equipo. Y tanto el usuario como el equipo de desarrollo deben tener en cuenta que las historias de usuario, incluyendo sus pruebas de aceptación, evolucionan iteración tras iteración. Además, el enfoque que se use para abordar y negociar los requisitos del negocio, también se puede aplicar a los requisitos técnicos o no funcionales.

Resumiendo, una historia de usuario no es un contrato firmado en piedra con sangre, más bien es una carta de intención de algo que el sistema debe hacer y cuyos detalles se abordan durante la conversación entre el usuario (Dueño del Producto) y el equipo de desarrollo. Y esto se hace justo antes de iniciar la construcción de esa historia, en el caso de proyectos conducidos con Scrum, esta negociación puede hacer parte de la Reunión de Planeación, pero no está supeditada a este marco de tiempo nada más, puede ocurrir en cualquier momento durante un sprint. Además, la negociación es una habilidad en la que deben trabajar los equipos de desarrollo, ya no es más un asunto que atañe solo a los comerciales de la organización de software.

Las historias de usuario como instrumentos de negociación

Hablemos un poco de ese *continuum* que significa diseñar y construir **soluciones de valor** para una organización. Las organizaciones hoy día están hechas de software, el software está en todas partes y si de construir software se trata, los equipos ágiles tenemos algo que decir.

De los incontables utensilios que contamos en nuestra mesa de trabajo, las **historias de usuario** están siempre a la vista de quienes transitamos por los senderos de los problemas complejos y las soluciones para ellos. Para nosotros, trabajar en soluciones mejora la comprensión de los problemas. Esta es posiblemente la razón principal por la cual los enfoques **iterativo** e **incremental** son mejores que cualquier otro en la actualidad. Y si los combinamos, mucho mejor. Los agilistas fantásticos:

1. Construimos de manera iterativa para **minimizar el riesgo**

2. Construimos de manera incremental para **maximizar el retorno de la inversión** (ROI)

3. ¡Repetimos 1 y 2 hasta la saciedad! O hasta que se esté generando el suficiente valor como para detener nuestro esfuerzo de desarrollo.

En ese camino hemos aprendido que los problemas no son subjetivos. Lo subjetivo es la **percepción** que tengamos de esos problemas. En general estos se basan en la realidad. Además, los enfoques de pensamiento, nuestro *mindset*, pueden llegar a redefinir esos problemas por completo.

Ya sabemos que una historia de usuario no es un contrato firmado en piedra, más bien es una **carta de intención** de algo que el sistema debe hacer y cuyos detalles se abordan durante la **conversación** entre el usuario (Dueño del Producto) y el equipo de desarrollo. También son *cartas de negociación* entre unos y otros, pero solo habrá una negociación fluida si el usuario está realmente interesado en el éxito del esfuerzo de desarrollo, si está dispuesto a comunicarse de manera efectiva y a trabajar con y como parte del equipo.

Los ingredientes clave de una historia de usuario son: **quién** es el usuario, **qué** quiere hacer el usuario y **por qué** lo necesita. Contrario a lo que mucha gente cree, las personas (usuarios o consumidores finales, expertos con el conocimiento, interesados, patrocinadores y otras personas impactadas por la historia), constituyen lo más importante de una historia de usuario. Esto permite o posibilita la **comunicación** para que hagamos las cosas correctas y nos ayuda a identificar el **valor** para priorizar lo que haremos primero y lo que haremos más adelante.

La parte "**conversación**" de una historia de usuario idealmente es una colaboración entre el usuario y el equipo que construye la solución, es una asociación para entender el problema y trabajar precisamente en una solución que resuelva ese problema y también permite confirmar más adelante que esa solución de hecho **sí** resuelve el problema adecuadamente.

Las historias de usuario proporcionan un entorno, un medio para adaptarnos, para buscar oportunidades. Si encontramos un obstáculo que no es posible sortear, siempre podemos buscar otra historia relacionada que nos permita avanzar. Es posible que, al hacerlo, encontremos la solución a la historia que no nos permitía progresar en principio y podemos volver a ella.

Ahora bien, si esa carta de intención, esa necesidad que tiene el usuario, es muy específica, la tarea del equipo es preguntar "¿por qué?" ¿Por qué y para qué se necesita esa historia?; en cambio, si es muy abstracta, preguntaremos "¿cómo?" ¿Cómo lo hace? ¿Cómo quiere o quisiera la solución? Las historias de usuario siempre son sobre "**negociación**" si queremos un buen balance entre **costo y valor**.

En general, las historias de usuario nos permiten a los agilistas fantásticos:

1. Lograr este balance en pequeños alcances,

2. Construir la solución, o los incrementos de esta, de tal manera que podamos obtener una efectiva retroalimentación anticipada.

3. Trabajar en los aspectos de más valor primero para que sean entregados y empiecen a generar ROI lo más pronto posible.

Finalmente, ninguna discusión o exposición sobre historias de usuario estaría completa si no incluimos la palabra "**confianza**". Si la confianza es poca en un equipo Scrum, las historias de usuario se convertirán muy pronto en piezas muy concretas de descripciones de problemas que el Dueño de Producto le entregará al equipo de desarrollo y que quizás nadie querrá resolver. Si esto ocurre, seguramente el equipo de desarrollo también va a solicitar, con grado de exigencia, unos criterios de aceptación muy concretos. El resultado: el muy pesado, extenso y falto de humanidad documento de especificación de requisitos funcionales y no funcionales del pasado, el mismo que cargaba consigo el sinsabor de la frustración y la derrota.

Entonces, para que positivamente las historias de usuario sean una herramienta auténtica de negociación entre las áreas de TI y las del negocio y para que sean una representación de los problemas de este último y de las soluciones que puedan proporcionar los primeros, es necesario que en el ambiente haya un **alto grado de confianza**. El Equipo Scrum en pleno, e incluso los interesados del entorno, tienen que conformar un **equipo** propiamente dicho, donde el trabajo colaborativo, la adaptación, el mejoramiento continuo y la entrega continua de valor sirvan de pilares y de integradores entre sus miembros para que todo lo anterior sea posible.

Cualidad Valiosa (y Valuada)

Veamos esta situación:

Historia de Poco Valor

Como: Lector del blog

Quiero: ver la lista de temas tratados en el blog

Para: buscar las entradas que más se acomoden a mis intereses personales

Es mejor escribir esta historia desde el punto de vista del Bloguero:

Historia de Mucho Valor

Como: Bloguero

Quiero: mostrar a los lectores los nuevos temas tratados en mi blog

Para: que ellos continúen más propensos a leer más entradas del blog

Con esta historia tenemos una perspectiva más clara del valor real de la historia. La implementación de esta podría llevar a más lectores a leer más entradas del blog con lo que se incrementaría el tráfico en el sitio Web y posicionarían al bloguero como experto en los temas de su dominio. Mientras que ambas historias son pequeñas, negociables, independientes y pueden tener los demás atributos de las buenas historias de usuario, el valor de la segunda es mucho más alto para el negocio que el valor de la primera.

Al negociar la funcionalidad de una historia también tenemos en cuenta su valor para el negocio. Una visión que siempre debemos tener los equipos ágiles es encontrar ese 20% de la funcionalidad que se usa el 80% de las veces o ese 20% del producto que tiene el 80% del valor para el negocio, recordemos que la filosofía ágil se basa en entregar valor al usuario. Esto quiere decir que si tenemos una funcionalidad como la siguiente:

Como: Bloguero

Quiero: ingresar a mi blog con usuario y contraseña

Para: mantener la seguridad y confiabilidad de la información del blog

Criterios de Aceptación:

- Debo ser capaz de cambiar la contraseña cuando lo desee

- El sistema debe enviarme un correo electrónico para confirmar el cambio de contraseña

- El usuario puede ser un nombre seleccionado por mí o una dirección de correo electrónico

- El sistema debe bloquear la cuenta cuando haga tres intentos fallidos consecutivos

- El sistema debe permitir que ingrese automáticamente si uso el mismo computador o dispositivo

- Si olvidé la contraseña, el sistema debe preguntarme por la dirección de correo asociada a mi cuenta o por mi nombre de usuario y enviarme un enlace para establecer una nueva contraseña

- [Siguen…]

Esta es, a todas luces, una historia que se puede dividir en varias historias dado el alto número de criterios de confirmación que tiene. Con los usuarios buscamos lo que proporcione mayor valor para el negocio y lo que se vaya a usar más, por ejemplo: "el sistema debe permitir establecer una nueva contraseña cuando lo desee", y salir en la primera iteración o entrega con esta funcionalidad. Las demás se van adicionando a medida que avanzan las iteraciones o las entregas. Y como antes, algunos de estos criterios quizás nunca lleguen a implementarse, por ejemplo, el de bloquear la cuenta después de varios intentos errados.

Finalmente, quien mejor conoce el valor de una historia de usuario es precisamente el usuario, personificado en alguien como el Dueño del Producto, que habla como una sola voz ante el equipo de desarrollo y que representa los intereses del negocio. Es a esta persona a quien debemos apoyar para que los esfuerzos de desarrollo sean conducidos efectiva y eficientemente.

A estas alturas solo hace falta recordar que el Valor es el atributo más importante en el modelo INVEST. Cada historia de usuario debe proporcionar algún valor, el mayor posible, al usuario, al cliente o a cualquier interesado en el producto. Con esto en mente, debemos entonces reorientar nuestras estructuras de descomposición funcional del software de un enfoque horizontal a uno vertical, esto es, para el usuario o interesado no tiene prácticamente ningún valor si cierta funcionalidad requiere de uno o varios procedimientos almacenados, o de uno o varios componentes en las capas intermedias de la solución.

El usuario necesita de la funcionalidad que le permite interactuar con el sistema, es lo que tiene valor para él/ella. Entonces debemos crear historias que atraviesen la arquitectura para poder presentar valor al usuario y obtener así la mejor retroalimentación en el menor tiempo posible. Esto es consistente con los modelos de gestión ágiles como Scrum, donde el Dueño de Producto es quien orienta los esfuerzos del equipo de desarrollo y prioriza las historias de usuario teniendo en cuenta su valor para el negocio. Y normalmente el Dueño de Producto no conoce de los aspectos puramente técnicos que subyacen a una historia de usuario (procedimientos almacenados, clases, componentes, *Web services*, etcétera).

En este punto llegamos al no menos peliagudo asunto de los requisitos técnicos o no funcionales, del software. Dos estrategias se usan habitualmente: la primera de ellas es que estas condiciones técnicas hagan parte de los criterios de aceptación de la historia, como en:

Como: Editor

Quiero: establecer el período de expiración de la contraseña

Para: que los blogueros se vean forzados a cambiar sus contraseñas periódicamente.

Criterios de Aceptación:

- La contraseña se debe poder cambiar antes de finalizar el período de expiración

- Ninguna persona distinta a su creador debe tener acceso a la contraseña

El segundo criterio, relacionado con el acceso a la contraseña, es una restricción típica de seguridad que bien puede ser establecida por un usuario, en este caso, por el Editor; también puede ser un Administrador de la Aplicación. Este enfoque de incluir las características no funcionales de una historia como parte de esta tiene la ventaja de permitir al mismo usuario reconocer su valor y al equipo completo de negociar su implementación.

La segunda táctica es crear historias independientes para cada propiedad o condición técnica, o para un grupo de estas, como en:

Como: Bloguero

Quiero: que mis entradas de blog soporten hasta 10 mil comentarios cada una

Para: mantenerme en contacto con el mayor número de personas posible

Criterios de Aceptación:

- Cada comentario debe contener hasta 500 palabras o 4000 caracteres

En este ejemplo, tanto la acción expuesta en la historia de usuario, como el criterio de confirmación son requisitos no funcionales que se pueden implementar. Este segundo enfoque ayuda a independizar las historias de usuario y a aplicar criterios a un grupo de funcionalidades (este no es el caso en el ejemplo); sin embargo, estas historias tienen la desventaja de que los usuarios o interesados (el Dueño del Producto) no le vean ningún valor y son difíciles de negociar con ellos/ellas.

En la práctica se usa una combinación de las dos estrategias. Ahora bien, hay que decir es que no existe tal cosa como la historia del desarrollador o la del arquitecto del software, ni mucho menos la del Dueño del Producto, como en:

Historias de Poco o Ningún Valor

Como: Desarrollador

Quiero: matricular mi aplicación en Jenkins

Para: tener integración continua automatizada

Como: Arquitecto

Quiero: que las transacciones de la aplicación se tarden menos de 1 segundo

Para: poner en producción una solución de alto desempeño

Como: Analista de Pruebas

Quiero: automatizar los casos de prueba de la aplicación

Para: hacer pruebas de regresión de manera eficiente y efectiva

Como: Desarrollador

Quiero: implementar el procedimiento almacenado spAdicionarComentario

Para: que la aplicación tenga la capacidad de añadir comentarios a las entradas de blogs

Simplemente estas historias no deberían existir, de hecho, no son historias de usuario del todo, ningún usuario final las usa. Para el usuario no es importante, por ejemplo, donde se registran los errores de una aplicación, quizás ni le interese si se registran en alguna herramienta; tampoco es de valor conocer el número de inconformidades que tiene el código fuente frente a las buenas prácticas de programación. El usuario da por hecho que el equipo de desarrollo sabe, precisamente, construir productos de software y que le va a entregar el mejor posible y el de mayor valor.

Conclusiones Finales

Es un hecho, sin importar que tanto trabajemos como equipo de desarrollo en poner a punto el ambiente de pruebas, en tener los mejores servidores de integración continua disponibles, en usar las mejores prácticas de escritura de código fuente, en crear componentes reutilizables de alta calidad o procedimientos almacenados optimizados, el **Bloguero** de nuestro sistema de publicaciones **no puede crear una entrada de blog** con el reporte que genera el analizador de código estático de nuestro entorno de desarrollo al compilar el código fuente, ni con las docenas o cientos de procedimientos almacenados implementados sobre el motor de la base de datos, ni con la implementación del algoritmo Blowfish para encriptar las contraseñas.

Simplemente necesita de una interfaz de usuario que pueda utilizar para realizar todas sus operaciones.

Cualidad Estimable

Una historia de usuario se debe poder construir en un período muy corto de tiempo, es decir, en iteraciones de 1 día hasta de 4 semanas. En algunos marcos de trabajo ágiles como Scrum se promulgan iteraciones o Sprints de 2 semanas o incluso menos, entonces, una historia se debe analizar, diseñar, programar, probar, documentar y desplegar en un tiempo menor a dos semanas. Ya antes habíamos explicado los beneficios de implementar una historia de usuario en alrededor tres días o menos, permitiendo así al equipo entregar varias historias con valor aun en sprints muy cortos.

Al comienzo de cada iteración, el usuario debe proporcionar al equipo de desarrollo toda la información necesaria para que los miembros de este último realicen una estimación del esfuerzo que les llevará pasar la historia de usuario desde en análisis hasta el despliegue, usando técnicas muy simples.

La estimación de cada historia se puede hacer por número de horas totales hasta su despliegue o por puntos de historia o cualquier otro mecanismo apropiado en donde pueda participar todo el equipo y cuyo procedimiento tarde algunos pocos minutos para cada historia. Cuando una historia representa una funcionalidad simple y pequeña, varias de ellas se pueden construir en una iteración corta de muy pocas semanas. De esta forma se puede entregar software funcionando potencialmente distribuible y se puede obtener retroalimentación efectiva del cliente sobre el progreso del proyecto.

Una historia como:

Como: Bloguero

Quiero: recibir una alerta por cada comentario adicionado a mis entradas de blog

Para: responderlos con la mayor brevedad posible y mantener una comunicación fluida con mis lectores

---

Criterios de Aceptación:

- Las alertas deben ser enviadas vía correo electrónico

- En el asunto del correo debe ir el nombre de la entrada a la que fue adicionado el comentario

- En el cuerpo del correo se debe incluir el texto del comentario y un enlace directo a la página donde se encuentra la entrada en el blog

Es una historia cuyo proceso de producción puede tardar de algunas horas a unos pocos días. Incluso, si el tiempo aumenta, podemos negociar con el Bloguero y aplazar algunos de los criterios de confirmación para iteraciones posteriores, como el de la adición del enlace a la página donde se encuentra la entrada cuyo comentario se agregó. En cambio, esta otra historia:

Como: Bloguero

Quiero: ver un informe con las estadísticas de uso de mi blog

Para: tomar decisiones sobre estrategias de promoción del blog

Aun sin los criterios de aceptación, no se puede estimar todavía: ¿cuáles estadísticas quiere ver el usuario? ¿Incluye gráficas? ¿Quiere segmentación y de qué tipo? ¿El informe se debe exportar en algún formato? ¿Cuál es la periodicidad de generación del informe? Estas y otras son algunas de las preguntas que saltan a la vista y seguramente las respuestas nos llevarán a concluir que nos enfrentamos no a una sino a muchas historias. Una historia de este tipo es lo que se conoce como una **Épica**.

Mike Cohn identifica tres razones principales por las cuales una Historia de Usuario no podría estimarse:

1. **La Historia de Usuario es demasiado grande**. En este caso la solución sería dividir la Historia de Usuario en historias más pequeñas que sean estimables.

2. **Falta de conocimiento funcional**. En este caso la Historia de Usuario vuelve al usuario o Dueño del Producto para bajar en detalle la Historia o inclusive (y recomendable) tener una conversación con el Equipo de Desarrollo.

3. **Falta de conocimiento técnico**. Muchas veces el Equipo de Desarrollo no tiene el conocimiento técnico suficiente para realizar la estimación. En estos casos el Equipo de Desarrollo puede dividir la historia en 1) un espacio de tiempo fijo, conocido como *"spike"*, que le permita investigar la solución y proveer una estimación más certera y 2) la funcionalidad a desarrollar como parte de la Historia en sí misma.

Cualidad Sucinta o Pequeña

Por la cualidad de Estimable, las historias por definición son pequeñas y simples. Quienes hacemos parte de equipos ágiles vemos una historia como una porción del producto o una funcionalidad parcial del producto.

¡El tamaño sí importa!

Si la mayoría de tus historias de usuario llegan a "Terminado" apenas unas pocas horas antes de la Revisión del Sprint, todavía pueden ser más pequeñas. Tu equipo debería tener historias tan pequeñas que las puedas finalizar durante las primeras horas o días del Sprint, dependiendo de la duración de este. Así te aseguras desde las primeras de cambio que el equipo está siendo productivo, está enfocado y que van a entregar valor al final de la iteración.

Aunque el objetivo de un Sprint no debe medirse en número de historias de usuario a terminar (implementar), sino al cumplimiento de un objetivo específico, siempre es mejor "prometer" o planear terminar varias historias pequeñas o muy pequeñas que muy pocas historias medianas o grandes.

Es evidente: si tienes 10 historias en tu lista de pendientes del sprint (alias el *backlog* del sprint), y no terminas 2, es mucho mejor que si solo tienes 4 y solo terminas 2. En ambos casos fallaste en el mismo número de historias, pero en el primer escenario tuviste un acierto del 80% mientras que en el segundo apenas llegaste a la mitad de la promesa del sprint.

Una buena medida, algo que nos ha funcionado casi siempre, es implementar historias cuyo puntaje no sobrepase entre una décima parte y una sexta parte de la velocidad del equipo. Es decir, si la velocidad del equipo de desarrollo es 30 puntos por Sprint, las historias a implementar no deberían ser más grandes de 3 a 5 puntos.

El tamaño de las historias es un concepto relativo. Un equipo de 7 o 9 personas no ve igual una historia de usuario en un sprint de 3 o 4 semanas que un equipo de 3 o 5 personas en un sprint de 1 o 2 semanas. Pero algo en que todos estamos de acuerdo es que, una vez terminadas, **las historias deben proporcionar valor al negocio**. Las cosas así, otro indicador de "pequeño" es Pareto.

El objetivo siempre es encontrar ese 20% de la historia (de funcionalidades que se van implementar vía esa historia) que genere o entregue el 80% del valor total de la misma. A partir de allí, la división se hace de manera orgánica, adicionando historias al *backlog* de producto que complementen la historia de "más valor".

También ayuda el nivel de entendimiento de toda la historia y qué tan rápido llegamos a entenderla por completo. Un índice de que quizás la historia no es pequeña es que no la hemos terminado de entender, quizás no están claros algunos de los criterios de aceptación o hay nubes en la conversación relacionadas con los requisitos funcionales o no funcionales a implementar.

Finalmente, no solo la S de INVEST indica que la historia es pequeña (Sucinta). Un indicativo de que quizás no lo es tanto, es que algunas partes de la misma (o toda la historia) no sean negociables o que no haya consenso en su estimación o que tengamos dudas acerca de si es posible conducirla a través de un proceso que nos asegure la calidad del producto terminado o de que incluso tenga dependencias con otra(s) historia(s).

En la práctica, pequeña significa que se pueda implementar en una iteración de corta duración, junto a otras historias.

Es en serio, las historias usuario tienen que ser pequeñas

Veamos un enfoque un poco más práctico.

Dentro de las primeras recomendaciones que como facilitadores le compartimos a un equipo de software que comienza a trabajar con Scrum es que **"las historias de usuario tienen que ser pequeñas"**, es decir:

- Toman máximo 4 a 5 días-persona en llegar a Terminado (o sea que todas las tareas de ingeniería sumadas toman ese tiempo: análisis + diseño + implementación + prueba par + corrección + despliegue + pruebas + corrección + volver a desplegar, entre otros). Esto para iteraciones de 10 días o más. Para iteraciones de menor duración, las historias de usuario bien podrían tomar de unas pocas horas como dijimos antes, hasta 2 o 3 días como máximo.

- Tienen aproximadamente 3 a 7 criterios de aceptación cada una. Esto ya lo habíamos explicado.

- El backlog del sprint cuenta con entre 6 a 10 historias de usuario de similar tamaño. Con menos de 6 historias, corremos el riesgo de que algunas de ellas sean lo suficientemente grandes como para poder terminarlas en una iteración. Con más de 10 corremos el riesgo de las historias sean tan pequeñas que no tengan de suficiente valor para el negocio o, en el caso de que sí tengan el valor, de que sean muchos objetivos intermedios los que el equipo deba alcanzar para lograr la meta del sprint y que se les queden algunos sin cumplir o sin atender. Es complicado mantener el foco cuando hay muchas cosas por hacer.

- Que sea tan pequeña que su especificación pueda escribirse en una tarjeta (media hoja de cuaderno, ojalá menos). Que invite a tener una conversación.

Lamentablemente en ocasiones estas recomendaciones son tomadas a la ligera por el cliente o por los nuevos Scrum Masters, por los Dueños de Producto y por el equipo desarrollador, lo que trae como consecuencia la aceptación de Historias de Usuario que más bien son Épicas. Esta situación conlleva a:

- Tener backlogs de sprint con historias que sobreviven dos o más sprints

- Tener backlogs de sprint con pocas historias, 2 o 3, y a duras penas lograr cerrar una de estas

- Tener historias poco o nada entendidas por el equipo de desarrollo o sin cumplir los atributos de Preparado, es decir, la historia no está preparada para empezar a construirse

- Entre otros casos

Algunos pensamientos

Asociado a este antipatrón quisiéramos compartirles varios pensamientos:

- Si en un sprint de 10 días – por ejemplo – tenemos una historia de usuario que toma 8 o más días-persona para llegar a TERMINADO, esto puede ocasionar muy probablemente que esa historia no se termine y deba ser completada en el próximo sprint o cuando el Dueño de Producto vuelva a priorizarla.

- Si una historia toma más de dos o más sprints en llegar a Terminado puede tener como causas:

  o No hubo un correcto refinamiento del backlog y la historia no cumplió el criterio de ser pequeña (1) o Se aceptó una historia de usuario que no tenía sus dependencias resueltas pero otro equipo o alguien externo al equipo de desarrollo prometió al Dueño de Producto que las dependencias estarían resueltas durante el sprint, no cumpliendo así la Definición de Preparado (*Definition of Ready*). Aquí la recomendación siempre es: primero esperemos a que las dependencias de una historia se resuelvan y luego sí, desarrollemos esa historia.

o La historia de usuario realmente es una historia épica (Dura de Matar) que sobrevive muchos sprints teniendo como causa la carencia de refinamiento y de partición de historias. Ver recomendaciones para partición de historias en la sección correspondiente más adelante.

o Los criterios de aceptación están tan amplios que a la historia "**le cabe un tren de lado**" (así decimos en nuestra tierra colombiana). De nuevo, esto es típico cuando la historia de usuario carece del refinamiento adecuado y de la correcta partición.

o Al momento de escribir historias de usuario estas no cumplen dos de los criterios de **INVEST (1) – Estimables y Sucintas o Pequeñas –**. Algo que hemos observado es que la inexactitud de las estimaciones crece cuando estas empiezan a ser mayores a los 10 días-persona. La incertidumbre en estos casos es cada vez mayor, sea cual fuere el método de estimación que usemos.

Consecuencias

Cuando estas recomendaciones no se siguen ocasionarán:

- Muy probablemente no hay Revisión al final del sprint, pues no hay nada que mostrar. Le preguntamos al equipo y dicen "hemos hecho mucho, nos hemos esforzado mucho y nada que terminamos" o "estamos al 90%, muy cerca" pero finalmente no hay incremento, no hay producto que mostrar a los interesados; por consiguiente, no hay generación temprana de valor, lo que nos lleva a que el enfoque Ágil en general y Scrum en particular "no funcionan" porque el equipo no cumple lo que el marco de trabajo promete.

- Si no hay demo del producto, el Dueño de Producto y los interesados sienten que el equipo no avanza

- El equipo encuentra cada vez más y más tareas técnicas que no había identificado y esto parece no tener fin

- Se genera deuda técnica funcional. Muchas veces el equipo decide entregar sin finalizar, hacer una entrega cosmética y con todo lo que queda pendiente se empieza a propagar el virus de la disfuncionalidad

- En las retrospectivas creen que el equipo está mintiendo y se comienza a generar desconfianza en el ecosistema ágil que queremos crear.

Así que, es en serio,

Las historias usuario tienen que ser pequeñas

Las historias usuario tienen que ser pequeñas

Las historias usuario tienen que ser pequeñas

De lo contrario, tu implementación de Scrum fallará.

Cerrando

Recuerda:

1. Seguir las 3 C (2) y el criterio INVEST (1) siempre,

2. Realizar refinamiento de historias en la mitad del sprint anterior de manera que lleguen preparadas a la planificación

3. Hacer una buena partición (*slicing*) de las historias de usuario

4. Y si el Dueño de Producto o alguien más se aparece en la planificación con una historia que toma más de 6 días-

persona, como Scrum Master o miembro de equipo deberías, según el contexto:

o   no aceptarla, o

o   hacer la partición y negociación correspondiente durante la planificación, para lograr generar un entregable en el sprint

Notas, referencias, comentarios y aclaraciones

1. INVEST

   o   **I**ndependientes

   o   **N**egociables

   o   De **V**alor

   o   que se puedan **E**stimar

   o   pequeña**S** (small)

   o   que se puedan validar y verificar (**T**)

2. Las 3 C

   o   Card (que se puedan escribir en una tarjeta)

   o   Conversación

   o   Confirmación

3. Te recomendamos este excelente artículo en esa misma línea:

   o   Por Javier Garzas - ¿Por qué las Historias de Usuario deben ser lo más pequeñas posible? (ver <u>artículo</u>)

Referencias

• INVEST in Good Stories, and SMART Tasks

http://xp123.com/articles/invest-in-good-stories-and-smart-tasks/

• A User Story Primer, by Dean Leffingwell with Pete Behrens

- User Stories Applied, by Mike Cohn
- Independent Stories in the INVEST Model

  http://xp123.com/articles/independent-stories-in-the-invest-model/

Recomendaciones para dividir historias o épicas

Hemos establecido ampliamente que las historias de usuarios deben ser pequeñas. "Pequeño" es un término relativo. No es lo mismo un equipo de 3 personas en un sprint de 1 semana que un equipo de 7 personas en un sprint de 2 o 3 semanas. Lo que el primer equipo ve "grande" el segundo lo puede ver "pequeño" o "muy pequeño". En cualquier caso, para nuestro contexto "pequeña" es un atributo que se gana una historia si esta puede implementarse (la funcionalidad que conlleva se diseña, programa, prueba e integra al resto del producto) en un solo sprint.

En cualquier caso, la gran mayoría de las historias, sino todas, nacen de una manera generalizada, contienen diversos atributos o abarcan conceptos genéricos o grandes. Por lo general, hay que hacerlas más pequeñas. Hemos encontrado patrones para hacerlo, es decir, algunas bases para la solución a problemas comunes. En este caso, a los problemas que conlleva tener una historia de usuario cuyo tamaño sea considerable para un equipo.

La primera fuente de patrones para dividir historias de usuario que vamos a usar es la de Richard Lawrence y su muy reconocido póster de División de Historias. Estas reglas ayudan realmente a los equipos en la identificación, separación y secuenciación de las historias y vamos a entrar en el detalle de algunos de estas reglas.

Preparar la historia de usuario

Lawrence nos comienza diciendo que preparemos la historia. Preguntémonos si la historia cumple los criterios INVEST (excepto, quizás, pequeña). Si no cumple con estos criterios, una opción es combinarla con otra u otras historias o reformularla para tener una buena historia inicial, aunque sea grande.

Veamos un ejemplo:

Como Cliente del Banco

Quiero realizar una transferencia de dinero a otra cuenta a través de la sucursal virtual

Para evitar el manejo de dinero en efectivo

El alcance de esta historia puede incluir un gran conjunto de características:

1. Transferencia a cuentas del mismo Banco

2. Transferencia a cuentas de otros bancos

3. Transferencia a cuentas de otros bancos internacionales

4. Transferencia programada

    a. En una fecha específica

    b. Periódica (Semanal, Quincenal o Mensual)

5. A Fondos de Inversión

6. Inscripción de cuentas

7. Datos históricos

8. Proporcionar segunda clave o contraseña de seguridad

Entre muchas otras.

Si hemos avanzado en su definición, puede incluir más criterios de aceptación:

1. La cuenta destino debe estar inscrita

2. El Banco destino debe seleccionarse de una lista de Bancos disponibles

3. Para cada transacción se debe solicitar una segunda clave

4. El titular de la cuenta origen debe ser inversionista en el fondo de inversión

5. La periodicidad de la transferencia puede ser Semanal, Quincenal o Mensual

6. Se puede transferir en una fecha futura específica

7. La fecha de transferencia no puede ser mayor a un año desde la fecha actual

8. El monto máximo de la transferencia es una cantidad específica (por ejemplo, U$3000)

Entre otros criterios.

A todas luces es evidente, aun para un equipo de 7 o 9 personas que el diseño, la implementación y puesta a punto de una solución como esta requiere de mucho esfuerzo, varias personas, varias semanas o meses. Ya sabemos que la estimación de algo tan complejo es incierta. ¿Cumple con los criterios INVEST? Para historias grandes es difícil saberlo a simple vista, pero también por el contexto que ya tenemos de esta historia en particular, vemos que contiene a otras, como Registrar o Inscribir la cuenta destino, Solicitar segunda clave para poder realizar las transferencias, entre diversas otras.

Al estimar la historia nos preguntamos: ¿es la historia de tamaño de 1/10 a 1/6 de la velocidad? Ya hemos hablado del porqué de este tamaño en las secciones previas. De ser así, no tenemos nada más que hacer, ¡la historia está preparada para su implementación! Al menos en lo que al tamaño se refiere.

De lo contrario, es decir, la historia tiene una dimensión tal que el equipo no podrá construirla en un único sprint, entonces comenzamos el proceso de división. Es el caso de nuestra historia ejemplo.

Aplicar los patrones de división de historias

Lawrence propone entonces aplicar uno o más de los patrones. Estos no se aplican en un orden específico, la dinámica y el ejercicio depende de cada equipo, de la creatividad de sus miembros y del tiempo disponible que tengamos.

Patrón: pasos de un flujo de trabajo

¿Describe esta historia un workflow completo?

Por ejemplo, en el caso de una historia de usuario en donde se defina la vinculación de un nuevo cliente a entidad financiera.

Como Cliente potencial

Quiero vincularme a la entidad financiera

Para acceder a sus productos y servicios

Esta vinculación puede incluir:

1. Registrar los datos básicos del titular principal

2. Registrar los datos de los cotitulares

3. Registrar los datos de los responsables económicos

4. Registrar la información financiera del titular y de los cotitulares

5. Registrar la solicitud específica del cliente (apertura de cuenta, solicitud de crédito, etcétera)

Nos preguntamos entonces: ¿podemos dividir esta historia de manera que hagamos el inicio y el final del flujo de trabajo y luego la completemos con las historias del medio? Para el caso ejemplo que nos ocupa es posible. Incluir en una historia el primer y el quinto paso y, dependiendo de distintos aspectos, incluir los demás pasos en una o más historias futuras.

Podemos obtener una historia como esta:

Como Cliente potencial

Quiero registrar mi información básica como titular para abrir una cuenta de ahorros

Para acceder a los beneficios de la entidad como ahorrador

Y esta otra:

Como Cliente potencial

Quiero registrar la información de mis cotitulares y mi información financiera

Para acceder a los beneficios de la entidad como ahorrador

Estas dos historias son más pequeñas y más viables de construir durante una breve iteración de una o dos semanas que la original. Ambas historias generan Valor al negocio, se pueden estimar, son independientes o se pueden hacer independientes, sus criterios de aceptación y otros atributos se pueden negociar y se pueden probar.

También nos podemos preguntar ¿podemos dividir la historia haciendo un pequeño corte de todo el flujo de trabajo y luego mejorarlo con más historias? En este caso, hablamos de tomar solo algunos pocos datos de cada grupo, por ejemplo, los que sean obligatorios tener en cada caso. Y luego adicionar los demás en historias sucesivas.

Patrón: operaciones

¿Esta historia incluye múltiples operaciones? (por ejemplo ¿es sobre "gestionar" o "configurar" algo?)

¿Puedes dividir cada operación en historias separadas?

En nuestra historia ejemplo de transferencia de dinero hay distintas operaciones involucradas, como:

- Matricular o registrar cuentas (a las cuales transferir)

- Configurar una segunda contraseña

- Programar transferencia en una fecha futura

- Realizar la transferencia a una cuenta del mismo banco

- Entre otras

Cada una de estas historias se puede implementar en distintos sprints. Las cosas así, bien podemos obtener historias como estas:

Como Cliente del Banco

Quiero registrar una cuenta bancaria de otra persona

Para poder realizar transferencia de dinero desde mi cuenta a la cuenta registrada

O

Como Cliente del Banco

Quiero realizar una transferencia de dinero programada en una fecha específica a otra cuenta del Banco a través de la sucursal virtual

Para mejorar el manejo de mis finanzas personales y evitar el manejo de dinero en efectivo

Patrón: variaciones en las reglas del negocio

¿Tiene la historia variedad en las reglas de negocio? (por ejemplo ¿hay términos del dominio en la historia como "fechas flexibles" que sugieren diferentes variaciones?)

¿Puedes dividir la historia para hacer primero un subconjunto de las reglas, y mejorar con reglas adicionales posteriormente?

En la historia ejemplo, existe esta variedad en las reglas del negocio:

- Si la transferencia es a fondos de inversión, solo se puede transferir a fondos del mismo titular de la cuenta origen

- Si la transferencia es programada, la fecha de transferencia no puede ser mayor a un año desde la fecha actual

- El monto máximo de la transferencia es una cantidad específica (por ejemplo, U$3000)

- Las cuentas destino deben estar inscritas previamente

- El proceso de inscripción en sí puede tener otras reglas de negocio

Es posible entonces tomar las reglas del monto máximo y de inscripción de cuentas en la primera historia y crear nuevas historias para las reglas de negocio faltantes. O, por ejemplo, la regla de transferencias a fondos de inversión y obtenemos la siguiente historia:

Como Cliente del Banco

Quiero realizar una transferencia de dinero a un fondo de inversión

Para evitar el manejo de dinero en efectivo y reducir el riesgo de mis inversiones

Donde la regla de negocio mencionada se convierte en un criterio de aceptación.

Patrón: variaciones en datos

¿Hace lo mismo la historia sobre diferentes tipos de datos?

¿Puedes dividir la historia para procesar primero un tipo de dato y mejorar posteriormente con más tipos?

En la historia de transferencia de dinero, hay diferentes tipos de datos en el destino de la transferencia:

- Cuentas del mismo banco

- Tipos de cuenta

- Fondos de inversión

- Cuentas de otros bancos

- Bancos internacionales

Entonces bien podemos tomar la primera variación y obtener otras historias:

Como Cliente del Banco

Quiero realizar una transferencia en línea de dinero a otra cuenta del Banco a través de la sucursal virtual

Para evitar el manejo de dinero en efectivo

Y esta otra

Como Cliente del Banco

Quiero realizar una transferencia de dinero a una cuenta de otro Banco a través de la sucursal virtual

Para evitar el manejo de dinero en efectivo

Patrón: construye un "*spike*"

¡Último recurso!

¿Todavía estás confuso sobre cómo dividir la historia?

¿Puedes encontrar una pequeña parte que entiendas bien para empezar? Escribe primero esa historia, constrúyela, y empieza el proceso de nuevo.

De lo contrario:

¿Puedes definir las 2 o 3 preguntas que más te inquietan?

Escribe un spike para responder a esas preguntas, construye lo mínimo para responderlas y empieza el proceso de nuevo.

Veamos qué es esto de **spike**:

Esto es algo así como un experimento o una prueba de concepto técnico que nos sirve para encontrar alternativas de solución a un problema específico o a una situación de la cual no estamos seguros en el desarrollo del producto. Normalmente, un spike representa incertidumbre y el objetivo es resolverla lo más pronto posible.

Por lo general establecemos un bloque de tiempo (time-box) para un spike de no más de un sprint, en lo posible de mucho menos. Desde algunas pocas horas hasta la mitad del sprint es un buen tiempo. Otra práctica importante es nunca prometer la implementación de una historia y la realización de un spike del que la historia es dependiente, en el mismo sprint. Nada nos asegura que los resultados serán benignos con nosotros. ¡Y nunca realices más de un spike en un sprint! Esto es un síntoma de que hay demasiada imprecisión en la definición de tu backlog de producto.

Importante: la cuestión que vamos a resolver con el spike, la pregunta, debe ser clara y precisa. No deben muchas cosas ni mucho menos ambiguas.

Una vez que hayas hecho la investigación o el experimento, vuelve a la historia y prepárala para el siguiente sprint.

En nuestro ejemplo de cabecera, un spike que nos viene rápidamente a la mente es este de validar la comunicación entre el banco origen y los bancos destinos, incluso los que son del exterior. ¿Cómo será ese proceso? ¿Cómo nos aseguramos que la cuenta destino sea una cuenta activa y válida? ¿Cuánto tiempo puede tomar el proceso de transferencia a otros bancos? Estas son algunas de las cuestiones que bien podríamos resolver con un spike o dos.

Patrón: variaciones en la interfaz

¿La historia tiene una interfaz complicada?

¿Hay una versión más simple que podrías realizar antes?

Hay distintos tipos de interfaces, sistemas operacionales, dispositivos (móviles) u otro tipo de hardware que se puede conectar a la aplicación. Como siempre, la meta es obtener el mayor valor posible, el mayor aprendizaje validado en el menor tiempo posible, sin que esto signifique el sacrificio de la calidad o de la funcionalidad del producto en elaboración.

¿Gestiona la historia los mismos tipos de datos mediante interfaces múltiples? ¿Puedes dividir la historia para gestionar datos de un tipo de interfaz y mejorar posteriormente con el resto?

Por ejemplo, si tenemos la misma funcionalidad para dispositivos móviles Android y iOS, es posible que el Dueño de

Producto opte por realizar primero la historia para un tipo de dispositivo u otro, dependiendo del valor que le proporcione la elección en ese momento.

Tanto en el uso de este patrón como en el de algunos otros, juega un papel muy importante los lineamientos arquitectónicos que se hayan establecido para el producto. Pero, en general, estos no deberían ser un impedimento para realizar la división de las historias.

Patrón: esfuerzo importante

Cuando realizas la división obvia, ¿es la que decides hacer primero la más difícil de todas?

¿Podrías agrupar las últimas historias y diferir la decisión sobre cual viene primera?

Para realizar transferencias entre cuentas, quizás las operaciones a cuentas de bancos internacionales sea lo más complejo y quizás las transferencias a cuentas del mismo titular de la cuenta en el mismo banco sean las más simples. ¿Por cuál iniciar? ¿Cuál agrega mayor valor hoy al Banco? ¿A los usuarios? Son algunas de las preguntas adicionales cuyas respuestas nos permiten escoger uno y otro camino.

Patrón: simple/compleja

¿Tiene la historia un núcleo simple que provee la mayoría del valor o aprendizaje?

¿Podrías dividir la historia para hacer primero el núcleo sencillo y mejorar posteriormente con el resto?

Por ejemplo, es posible que las transferencias entre cuentas del mismo titular quizás no necesiten segunda contraseña o token de validación, convirtiéndose así en la operación más simple de todas. Las cosas así, bien podríamos obtener la siguiente historia de usuario:

Como Cliente del Banco

Quiero realizar una transferencia de dinero a otra de mis cuentas del mismo Banco a través de la sucursal virtual

Para evitar el manejo de dinero en efectivo y mantener una línea de ahorro personal

Patrón: retrasar el rendimiento

Este es quizás el patrón más polémico de la lista de Lawrence. Ver más adelante la sección Advertencia en este mismo apartado.

¿Debe la historia mucha de su complejidad a requisitos no funcionales, como el rendimiento?

¿Podrías dividir la historia para hacerla funcionar primero y luego mejorarla cumpliendo los requisitos no funcionales?

En nuestro concepto este patrón hay que aplicarlo como una excepción y cuidar de no olvidar donde se aplicó. Como con cualquier otro de los requisitos no funcionales como seguridad, usabilidad, confiabilidad, interoperabilidad y el mismo desempeño, la gran mayoría de las veces no es bueno retrasar su implementación ya que después puede ser muy costoso o requerir de esfuerzos importantes. En algunos casos, incluso, su aplicación puede quedar en el olvido.

Como siempre, el mejor consejo que podemos dejar es aplicar este patrón con precaución y evaluar los beneficios y las desventajas de hacerlo. En general, tener claro que cada caso es único y hay que estudiarlo en su momento.

¿Qué hacer luego de aplicar un patrón?

Evalúa la división.

Hazte las preguntas:

* ¿Son las nuevas historias parecidas en tamaño?

* ¿Es cada historia un 1/10 a 1/6 de la velocidad del equipo?

- ¿Cumple cada una INVEST?

- ¿Hay historias que puedas repriorizar o borrar?

- ¿Hay una historia obvia por la que empezar que proporcione valor temprano, aprendizaje o mitigación del riesgo?

Si las respuestas a estas cuestiones son **sí**, entonces has terminado. Aunque podrías probar otro patrón para ver si funciona mejor.

De lo contrario, experimenta con otro patrón en la historia original o las historias divididas resultantes. Incluso observa si tienes desperdicio en cada una de tus historias. Bien podrías eliminarlo.

Advertencia:

- No retrases los requisitos no funcionales

- No dividas demasiado pronto

- No dividas más de la cuenta

- No dividas por componentes

- No olvides las pruebas de la Historia

Recomendaciones

Como siempre, no hay receta predefinida, tienes que experimentar.

En la práctica, la mayoría de las veces aplicar uno o dos patrones puede ser suficiente para llevar la historia hasta el nivel de "pequeña" que necesitas.

Es posible que tengas que repetir el ejercicio en instantes diferentes. Dependiendo del momento, tendrás mayor información para realizar la división.

Si no logras aplicar ningún patrón es porque te hace falta más información, la historia todavía es demasiado genérica o ambigua o no la has entendido del todo.

Siempre puedes encontrar tus propios patrones, basado en tus escenarios particulares, en tu propio tiempo y espacio.

Otros patrones de división

Algunos patrones más específicos, más prácticos o derivados de los anteriores que hemos aplicado exitosamente, incluyen:

- **Variaciones por Tipos de Usuario**
  - ¿Tiene la historia un comportamiento similar para distintos tipos de usuario?
  - ¿Podrías dividir la historia para el usuario que permita agregar más valor, obtener mayor aprendizaje o retroalimentación efectiva, o aun para el de mejor riesgo?

- **Variaciones por Interesado**
  - ¿Tiene la historia comportamientos distintos para diferentes interesados o usuarios?
  - ¿Podrías dividir la historia para el interesado que aporta mayor valor y luego mejorar con los demás?

- **Variaciones por Navegador**
  - ¿Tiene la historia el mismo comportamiento para varios navegadores de Internet?
  - ¿Podrías empezar construyendo la historia para el navegador que aporte mayor valor y luego repetirla para los restantes?

- **Variaciones por Plataforma**
  - ¿Tiene la historia el mismo comportamiento para varias plataformas o infraestructuras tecnológicas, por ejemplo, dispositivos móviles o servidores?
  - ¿Podrías empezar construyendo la historia para la plataforma que proporciona mayor valor y luego implementarla para las restantes?

- **Servicios Externos**

  - ¿Consume la historia servicios externos que apenas se van a implementar o que ya están construidos?

  - ¿Podrías empezar haciendo un "mock" del servicio para aislar la dependencia y simular su comportamiento? Luego podrías implementar la funcionalidad completa en otra Historia.

- **Región Geográfica**

  - ¿Tiene la historia el mismo comportamiento para usuarios o datos de diferentes regiones geográficas?

  - ¿Podrías empezar construyendo la historia para una región geográfica que te aporte más/mucho valor y luego extenderla al resto de regiones?

- **Retrasa los Comportamientos Opcionales**

  - ¿La historia incluye mucho comportamiento opcional (por ejemplo, distintas formas de lograr la misma meta)?

  - ¿Puedes hacer de los comportamientos opcionales Historias separadas a implementarse luego de que la funcionalidad básica/más popular se construya?

- **Retrasa el comportamiento por condiciones de error**

  Derivada de la anterior:

  - ¿La historia incluye comportamiento asociado a las condiciones de error, es decir, lo que ocurre con la historia en una situación con errores?

  - ¿Puedes hacer que este comportamiento por errores se implemente en historias subsiguientes luego de que el comportamiento "normal" se implemente?

- **El Mayor Valor (Pareto)**

  - ¿La historia incluye mucha funcionalidad, pero el 80% del Valor que proporciona proviene del 20% de la misma?

- o ¿Puedes encontrar la funcionalidad más valiosa, desarrollarla y liberarla como una historia **y luego evaluar si el resto es necesario**?

Un Método Adicional de División de Historias de Usuario: Criterio de Equipo o Hasta Acá Llegamos

Existe un método adicional de división (*splitting*) de historias de usuario a los presentados hasta ahora y es el usado por el Criterio del Equipo o al que llamamos "Hasta acá llegamos" y las situaciones en las que hemos observado que se presenta son las siguientes:

Situación 1: El equipo observa una historia de usuario muy grande

1. El Dueño de Producto (PO) explica una historia de usuario

2. El Equipo la estima y la ve muy grande (2) o muy riesgosa,

3. Entre PO y Equipo se estima hasta donde llegan en esa historia (dependiendo si la dividen por valor para el Sprint o Riesgo) y si el resto será en otra historia de usuario que posiblemente se construya en este sprint o se decida realizar el siguiente.

Situación 2: El backlog de producto está casi listo y se quiere añadir una historia de usuario

1. Se tiene el backlog de sprint casi listo, queda un poco de capacidad libre para una nueva historia de usuario.

2. El PO explica una historia de usuario

3. El Equipo observa que no hay capacidad para asumir esta historia de ese tamaño y las subsiguientes historias también parecen ser de tamaños similares o superiores.

4. El Equipo con el PO dividen la historia de forma que se logre incluir lo que más genera valor en la Planificación actual y se deja para otro sprint el resto (pero en una nueva historia).

Esfuerzos Sugeridos de Historias de Usuario según la Duración del Sprint

Continuando con la reflexión acerca del tamaño de las historias de usuario y de muchas horas de experimentos, puesta en práctica, conversaciones, retrospectivas y conclusiones, queremos compartirles esta tabla de tamaños sugeridos para las historias de usuario.

La siguiente tabla cuenta con las siguientes consideraciones:

1. Es una sugerencia, cada equipo, cada producto tiene su contexto y tendrá sus propios números, prácticas emergentes y conclusiones.

2. Está basada en el artículo "Patterns for Splitting User Stories" de Agile for All (ver post) donde se sugiere que una buena historia de usuario debe tener entre 1/6 a 1/10 de la velocidad del equipo cada sprint

3. Recordemos que el tiempo requerido para el DONE de una historia de usuario (del mundo del software) debe incluir

todas las tareas técnicas que sean relevantes y requeridas, por ejemplo:

- Análisis
- Diseño
- Implementación
- Revisión Par (esta es una buena práctica)
- Pruebas
- Despliegue
- Corrección
- Actualización de documentación relevante para el equipo.

4. Por ejemplo, si consideramos un sprint de 2 semanas y un equipo de 5 personas, el tamaño promedio sugerido de Historia de Usuario está entre 5 y 8 días persona, por lo tanto, ejemplo si tomamos la de 5 días, le tomará al equipo aproximadamente 5 días-persona, lograr el DONE (o sea, todas las actividades identificadas en el punto anterior)

5. Debemos procurar que los ítems del backlog del sprint (las historias de usuario para el caso del software) sean de similar tamaño, no siempre se logrará, unas veces sí, otras veces no.

6. Seguimos considerando que el tamaño razonable de Sprint es de 2 semanas, máximo 3, pero siempre tender al tiempo más corto.

7. Aunque muchas veces la construcción de historias de usuario de sistemas que tienen muchas capas requieren muchos días de esfuerzo para lograr el DONE, si un esfuerzo requerido es superior a 10 días-persona, debe ser revisado cuidadosamente para determinar si es susceptible de ser reducido por técnicas de partición de historias de usuario.

ESFUERZO SUGERIDO PARA LAS HISTORIAS DE USUARIO*

	Duración del Sprint							
	1 Semana		2 Semanas		3 Semanas		4 Semanas	
Días Hábiles	5		10		15		20	
Cantidad de Historias	10	6	10	6	10	6	10	6
Días-EQUIPO requeridos para el Done	0.5	0.8	1.0	1.7	1.5	2.5	2.0	3.3
Días-PERSONA** requeridos para el Done - Equipo de 3 personas	2	3	3	5	5	8	6	10
Días-PERSONA** requeridos para el Done - Equipo de 5 personas	3	4	5	8	8	13	10	17
Días-PERSONA** requeridos para el Done - Equipo de 7 personas	4	6	7	12	11	18	14	23
Días-PERSONA** requeridos para el Done - Equipo de 9 personas	5	8	9	15	14	23	18	30

* Basado en el post: http://agileforall.com/patterns-for-splitting-user-stories/
en el que se propones que las historias deben tener de 1/6 a 1/10 de la velocidad del equipo por sprint
** Los números fueron aproximados al entero superior

Basado en la sugerencia de **Thomas Wallet @WalletThomas**, en el que me mostraba que **tener historias gigantes no es buena buena práctica** puse la clasificación amarillo, naranja,y roja mostrando que hay tamaños grandes de historias de usuario que posiblemente se constituya en unas épicas susceptibles de ser divididas

El esfuerzo invertido en esta historia es grande, se sugiere hacer partición de la Historia de Usuario

El esfuerzo invertido en esta historia de usuario vs el tamaño del sprint lo pone en riesgo que se logre en el tiempo comprometido, es un tamaño de historia riesgoso, se sugiere realizar división de la historia

Definitivamente no se recomiendan historias de usuario de este tamaño ya sea por que están cerca, iguales o exceden el tamaño del sprint, o por que su tamaño es lo suficientemente grande y es altamente factible que pueda ser dividida en historias de usuario más pequeñas

Elaborada por: **Jorge H. Abad L.**
Blog: www.lecciones-aprendidas.info
Twitter: @jorge_abad

8. Si como Scrum Master estás pensando que tu equipo solo trabajará historias de usuario en el sprint, es falso, recuerda que asiste a todas las reuniones de Scrum (Planificación, Revisión, Retrospectiva, Diaria, Refinamiento) y estas toman entre el 10% al 20% de la duración del Sprint.

Cualidad Comprobable (a.k.a. Que se pueda probar)

La T de INVEST corresponde a este último atributo, aunque no por ello menos importante. También decimos "que sea verificable" o que se pueda verificar.

Extendiendo el precepto de Bill Wake sobre este criterio, la definición de preparado de una historia de usuario lleva de manera implícita una promesa: todos en el equipo entienden lo que quieren a un nivel suficiente y necesario como para ser capaces de elaborar las pruebas para ello. Es un hecho, saber qué y cómo probar una historia desde el punto de vista de los usuarios hace más productivo a los equipos de desarrollo de productos.

Conocer las pruebas a realizar de manera anticipada es un gran paso hacia el cumplimiento de las metas del sprint, esa es la magia que introducen técnicas como TDD y BDD. Empezar a implementar una historia sin saber cómo probarla es un indicador de que quizás los detalles de la misma no están lo suficientemente claros o que no es tan valiosa como se cree y es también el primer evento de lo que puede ser una cadena de sucesos "inesperados" que finalmente conducen al no cumplimiento de las metas inmediatas del equipo.

Saber cómo probar una historia también ayuda a conocer las necesidades exactas de los usuarios y lo que es de valor para ellos y para el negocio. Incluso si se trata de los requisitos no funcionales.

Pero ojo, que una historia se pueda probar no quiere decir que debamos establecer todas las pruebas desde el comienzo. Lo que sí debe ocurrir es que el equipo en pleno tenga la confianza de que existe un método viable para asegurar que la historia tendrá un comportamiento adecuado para los usuarios.

Que se pueda probar, también significa que los criterios de aceptación de la historia se puedan probar. Esto a su vez quiere decir que los criterios de aceptación deben gozar de una claridad y precisión tales que sea posible realizar las pruebas necesarias.

Por ejemplo, en el caso de la historia de transferencias internacionales de dinero:

Como Cliente del Banco

Quiero realizar una transferencia de dinero a una cuenta de otro Banco en el exterior a través de la sucursal virtual

Para evitar el manejo de efectivo y pagar compras de bienes y servicios adquiridos en el exterior

Un criterio de aceptación puede ser:

- La operación se debe realizar en dólares

Con ese no hay problema. Es un criterio claro y preciso. Pero con este otro:

- Se debe usar el valor oficial del dólar en moneda nacional

Este criterio, así como está expresado no es comprobable. Veamos este otro:

- Se debe usar el valor oficial del dólar en moneda nacional publicado por la entidad financiera competente (en Colombia es la Superintendencia Financiera)

Pero este criterio tampoco es comprobable, es ambiguo. ¿Publicado cuándo? ¿Dónde? Y ahora este otro:

- Se debe usar el valor oficial del dólar en moneda nacional publicado por la entidad financiera competente en su página web para el día de la operación

Ahora sí tenemos un criterio de aceptación que se puede probar.

En general, la definición de una prueba ayuda a clarificar el sentido y el propósito de una historia de usuario.

Al mantener conversaciones alrededor de una historia de usuario y al momento de intercambiar la información resultante de esas conversaciones, debemos prestar especial atención a términos o expresiones como:

- Automáticamente

- Procesar

- Administrar

- Gestionar

Y sus sinónimos para así proceder a clarificarlas.

Automáticamente, relativo a automático, se refiere a una cualidad que todos los sistemas tienen de manera intrínseca, que está en la naturaleza de los productos de software, incluyendo los llamados "procesos automáticos".

Entre tanto, Procesar es una expresión genérica, abstracta por demás, que indica cualquiera de las operaciones que se puede realizar una funcionalidad y siempre debemos puntualizar el nombre de la operación particular a la que queremos referirnos. Por ejemplo, hacer un cálculo, realizar una búsqueda, clasificar datos y almacenar datos.

Por su parte, Administrar y Gestionar son sinónimos entre sí y, al igual que Procesar, son comodines en el sentido de que sirven para acomodar cualquier acción o manipulación sobre la información; siempre debemos nombrar explícitamente la acción, como Transferir o Enviar, Recibir, Validar una condición específica y Generar o Mostrar datos, o el tipo de manipulación, como Ingresar, Modificar, Eliminar y Consultar datos.

Y en cuanto a los requisitos no funcionales como criterios de aceptación:

- la transferencia se debe realizar de manera segura

- La transferencia se debe realizar rápidamente

- Queremos una interfaz amigable

Son todos criterios de aceptación ambiguos. ¿Qué significa "seguro", "rápido" o "amigable" en ese contexto? Son las cuestiones que debemos precisar durante la conversación sobre la historia de usuario.

Referencias

Pueden encontrar más sobre el atributo Comprobable y todos los demás criterios INVEST en: https://xp123.com/articles/invest-in-good-stories-and-smart-tasks/.

INVEST++

¡No, no es un error tipográfico!

En su artículo "*Writing user stories to make them true deliverables*" (Escribiendo historias de usuario para hacerlas verdaderamente entregables), Syed Ali propone adicionar un conjunto de pasos para que sea más fácil decidir si una historia de usuario está preparada para incluirse en el backlog del sprint.

Aquí están esos pasos, mapeados además a los atributos INVEST:

Las dependencias se identifican y las dependencias externas se eliminan o ya están Terminadas	**I**
El equipo cree que la historia está lista para presentarse durante la revisión de sprint	**I**
Hay recursos físicos y tecnológicos disponibles para trabajar en la historia del usuario	**N**
El equipo y el Dueño de Producto han discutido las alternativas y han evaluado la posibilidad de dividir la historia en pequeñas historias de usuarios	**N**
Un valor de negocio se ha asignado a la historia de usuario	**V**

Se ha identificado un Valor de Pérdida en el negocio en caso de que la historia no se agregue al backlog del sprint, por ejemplo, el costo del retraso de no tener la funcionalidad esperada	V
Las tareas se estimaron y todas se pueden realizar dentro del sprint	E
Los detalles mínimos están disponibles antes de iniciar el proceso de estimación	E
El equipo tiene un consenso sobre los puntos de la historia	E
La historia no se puede dividir en otras historias independientes	S
Tareas independientes pueden ser identificadas y asignadas a individuos dentro del sprint	S
Los riesgos se identificaron y cuantificaron y pueden mitigarse dentro del sprint	S
La historia del usuario se puede presentar al Dueño de Producto	T
Los criterios de aceptación son claros y comprobables	T

Convirtiendo un Formulario o Épica (1) en Historias de Usuario

Este artículo tiene como fin compartir un ejemplo de generación de historias de usuario a partir de un formulario.

Conocimientos previos

- Las Tres CCC (2)
- INVEST (3)
- Como dividir (*splitting*) historias de usuario
  - Patrones de división de historias e usuario – clic aquí– (4)
  - Un Método Adicional de División de Historias de Usuario: Criterio de Equipo o Hasta Acá Llegamos – Clic aquí – (5)

Revisemos la Épica

Buscando en internet encontramos el siguiente formulario de "Solicitud de Crédito de Consumo" que podría ser una Épica (1) dentro de un sistema de solicitud de créditos:

Solicitud de Crédito de Consumo

DATOS DEL SOLICITANTE					
Apellidos Y Nombres:		Cédula de Identidad:		Sexo: F M	Estado Civil: S C D V
Edad:	Fecha de Nacimiento:	Cargas Familiares:	Profesión:	Nivel Académico:	Correo Electrónico:
Dirección de Habitación					
Urbanización:	Avenida Calle:		Manzana Piso:	Edificio Residencia:	Casa Apartamento: Nro:
Ciudad:	Estado:	Código Postal:	Apto. Postal:	Teléfono Fijo:	Teléfono Celular:
Vivienda: Propia Alquilada De un familiar	Hipotecada: Si No	Nombre del Acreedor:		Teléfono:	Fecha Adquisición:
Dirección anterior (si lleva menos de tres (3) años en la actual):					
Ciudad:	Estado:	Zona Postal:	Apto. Postal:	Teléfono Fijo:	Teléfono Celular:

DATOS SOBRE ACTIVIDAD LABORAL				
Empresa donde Trabaja:	Relación con la Empresa:			
	Dueño:	Empleado:		
	Contratado:	Otra:		
Actividad Económica:		Fecha de Ingreso: / /	Cargo:	Sueldo:
Dirección de Oficina: Ciudad: Estado:	Zona Postal: Apdo. Postal: Teléfono:		Correo Electrónico:	
Nombre de la Empresa en la que trabajó anteriormente (Si tiene menos de dos (2) años en su empleo actual):		Antiguedad:	Cargo:	
Dirección de Oficina: Ciudad: Estado:	Zona Postal: Apdo. Postal: Teléfono:		Correo Electrónico:	

Datos del Cónyuge				
Nombres y Apellidos:	Cédula de Identidad:	Profesión:	Edad:	Fecha de Nacimiento: / /
Empresa donde Trabaja:	Relación con la Empresa:			
	Dueño:	Empleado:		
	Contratado:	Otra:		
Actividad Económica:		Fecha de Ingreso: / /	Cargo:	Sueldo:
Dirección de Oficina: Ciudad: Estado:	Zona Postal: Apdo. Postal: Teléfono:		Correo Electrónico:	

REFERENCIAS BANCARIAS		
Banco	Cuenta Corriente Nro.	Cuenta Ahorro Nro.
Banco	Cuenta Corriente Nro.	Cuenta Ahorro Nro.
Banco	Cuenta Corriente Nro.	Cuenta Ahorro Nro.
Banco	Tarjeta de Crédito Nro.	Limite
Banco	Tarjeta de Crédito Nro.	Limite
Banco	Tarjeta de Crédito Nro.	Limite

REFERENCIAS PERSONALES		
NOMBRE Y APELLIDO	DIRECCION	TELEFONO

DATOS FINANCIEROS			
ACTIVOS:		PASIVO + PATRIMONIO:	
Banco		TDC	
Cuentas por Cobrar		Préstamo	
Mobiliario		Hipotecas por pagar	
Vehículos		Otros Pasivos	
Inmuebles		TOTAL PASIVOS (2)	
Otros Activos		PATRIMONIO (1) – (2)	
TOTAL ACTIVO (1)		PASIVO + PATRIMONIO	

Relación de Ingresos y Egresos a la Fecha de la Solicitud			
INGRESOS MENSUALES:		GASTOS MENSUALES:	
Sueldo Básico Mensual		Vivienda (alquiler o Hipoteca)	
Bonificaciones y Comisiones Intereses/Dividendos/Alquileres		TDC	
		Otros Egresos	
		Aportes a la Familia	
Otros Ingresos		Préstamo Automotriz	
Total Ingresos Mensuales		Total Egresos Mensuales	

DATOS DEL CREDITO SOLICITADO					
Monto Solicitado:	Plazo: 15 24 36	Destino del Crédito:	Forma de Pago:	Deposito en Cuenta Nomina:	

Esta épica se vería dentro de un backlog de producto de la siguiente forma:

Título: Solicitud de Crédito de Consumo

Historia Épica: 24

Como **Solicitante de un Préstamo**

Deseo un **formulario de solicitud de crédito de consumo**

Para **que el banco determine si puede adjudicarme el préstamo o no.**

Hipótesis de Beneficio

Con la información proporcionada por el solicitante el banco podrá determinar el riesgo y si se puede otorgar el préstamo, al igual que el monto, plazo e intereses.

Criterios de Aceptación

Debe Capturar la siguiente información:

- Datos del solicitante

- Dirección de Habitación

- Datos sobre actividad laboral

- Datos del Cónyuge

- Referencias bancarias

- Referencias personales

- Datos Financieros – Activos

- Datos Financieros – Pasivos

- Relación de ingresos y Egresos – Ingresos mensuales

- Relación de ingresos y Egresos – Gastos

- Datos del crédito solicitado

Título: Datos del Solicitante

HU:96
 	
 Como **Solicitante del Crédito**
 Deseo un **Ingresar los datos del solicitante**
 Para **que el banco determine si puede adjudicarme el préstamo o no.**
 	
 Criterios de Aceptación
   1. Los campos que capturará son
 	
     • Apellidos y nombres
 	
     • Cédula de identidad
 	
     • Sexo
 	
     • Estado civil
 	
     • Edad
 	
     • Fecha de nacimiento
 	
     • Profesión
 	
     • Nivel académico
 	
     • Correo electrónico
 	
 Estado civil, Profesión y Nivel académico deben ser consultados de las listas que tiene el banco

---

Título: Dirección de Habitación

HU:97

Como **Solicitante del Crédito**

Deseo un **Ingresar los datos de dirección de habitación**

Para **que el banco determine si puede adjudicarme el préstamo o no.**

Criterios de Aceptación

1. Los campos que capturará son

   - Urbanización

   - Avenida Calle

   - Manzana Piso

   - Edificio residencia

   - Casa Apartamento

   - Ciudad

   - Estado

   - Código Postal

   - Apto Postal

   - Teléfono fijo

   - Teléfono Celular

   - Vivienda (Propia |Alquilada)

   - Hipoteca (si |no)

   - Nombre del Acreedor

   - Teléfono

   - Fecha adquisición

- Dirección anterior (si lleva menos de tres años en la dirección actual)

- Urbanización

- Avenida Calle

- Manzana Piso

- Edificio residencia

- Casa Apartamento

- Ciudad

- Estado

- Código Postal

- Apto Postal

- Teléfono fijo

- Teléfono Celular

Ciudad y Estado deben ser consultados de las listas que tiene el banco

---

Título: Datos sobre Actividad Laboral

HU:98

Como **Solicitante del Crédito**

Deseo un **Proporcionar los datos de actividad laboral**

Para **que el banco determine si puede adjudicarme el préstamo o no.**

Criterios de Aceptación

1. Los campos que capturará son

- Empresa donde trabaja

- Relación con la empresa

  (Dueño |Empleado|Contratado|Otra)

- Actividad económica

- Fecha de ingreso

- Cargo

- Sueldo

- Dirección oficina actual

  o Ciudad

  o Estado

  o Código Postal

  o Apto Postal

  o Teléfono fijo

  o Correo electrónico

- Empresa en la que trabajó (si tiene antigüedad menor a 2 años en empleo actual)

- Antigüedad

- Cargo

- Dirección oficina Anterior

  o Ciudad

  o Estado

  o Código Postal

  o Apto Postal

  o Teléfono fijo

  o Correo electrónico

Ciudad, estado y cargo deben ser consultados de las listas que tiene el banco

Título: Datos del Cónyuge

HU:99

Como **Solicitante del Crédito**

Deseo un **proporcionar los datos de mi cónyuge**

Para **que el banco determine si puede adjudicarme el préstamo o no.**

Criterios de Aceptación

1. En caso de que el solicitante resulte ser casado, se solicitarán los siguientes datos

   - Nombres y Apellidos

   - Cedula

   - Profesión

   - Edad

   - Fecha de nacimiento

   - Empresa donde trabaja

   - Relación con la empresa

     (Dueño |Empleado|Contratado|Otra)

   - Actividad económica

   - Fecha de ingreso

   - Cargo

   - Sueldo

   - Dirección oficina actual

     o Ciudad

     o Estado

o Código Postal

o Apto Postal

o Teléfono fijo

o Correo electrónico

Profesión, Cargo, Actividad económica, Estado y Ciudad deben ser consultados de las listas que tiene el banco

---

Título: Referencias Bancarias

HU:100

Como **Solicitante del Crédito**

Deseo un **proporcionar mis datos financieros**

Para **que el banco determine si puede adjudicarme el préstamo o no.**

Criterios de Aceptación

1. Se solicitará al menos una referencia bancaria, máximo 3 con, capturando la siguiente información:

   • Nombre del banco

   • Tipo de cuenta (ahorro |corriente)

   • Número de cuenta

2. Se solicitará al menos del dato de una tarjeta de crédito, máximo tres capturando la siguiente información:

   • Banco

   • Número de tarjeta de crédito

   • Franquicia

   • Límite

3. Nombre del banco y franquicia deben ser consultados de las listas que tiene el banco

Cuando se ingrese el número de tarjeta de crédito se validará su veracidad con el web service de validación de números de tarjetas de crédito (WS-NROTC-VAL-001)

Título: Datos financieros

HU:101

Como **Solicitante del Crédito**

Deseo un **proporcionar mis referencias personales**

Para **que el banco determine si puede adjudicarme el préstamo o no.**

Criterios de Aceptación

1. Se solicitarán los valores asociados a la siguiente información

   - Activos

     - Banco
     - Cuentas por cobrar
     - Mobiliario
     - Vehículos
     - Inmuebles
     - Otros activos

2. Se calculará el total de la suma de los activos y se presentará en un campo llamado "Total de Activos"

3. Se solicitarán los valores asociados a la siguiente información

   - Pasivos + Patrimonio

     - Tarjetas de Crédito
     - Préstamos

- Hipotecas por pagar
- Otros pasivos

4. Se calculará el total de la suma de los pasivos (tarjetas de crédito + préstamos+ otros pasivos) y se presentará en un campo llamado "Total de Pasivos"

Título: Relación de Ingresos y Egresos a la Fecha de la Solicitud

HU:102

Como **Solicitante del Crédito**

Deseo un **proporcionar mi relación de ingresos y egresos a la fecha de la solicitud**

Para **que el banco determine si puede adjudicarme el préstamo o no.**

Criterios de Aceptación

1. Se solicitarán los valores asociados a la siguiente información

   - Ingresos Mensuales

     - Sueldo básico mensual
     - Bonificaciones
     - Comisiones
     - Intereses
     - Dividendos
     - Alquileres
     - Otros Ingresos

2. Se calculará el total de la suma de los ingresos y se presentará en un campo llamado "Total Ingresos Mensuales"

3. Se solicitarán los valores asociados a la siguiente información

- Gastos Mensuales

  - Vivienda (alquiler o hipoteca)
  - Tarjetas de Crédito
  - Otros Egresos
  - Aportes a la familia
  - Pago prestamos

4. Se calculará el total de la suma de los egresos y se presentará en un campo llamado "Total Egresos Mensuales"

Título: Datos del Crédito Solicitado

HU:103

Como **Solicitante del Crédito**

Deseo un **proporcionar los datos del crédito solicitado**

Para **que el banco determine si puede adjudicarme el préstamo o no.**

Criterios de Aceptación

1. Se solicitarán los valores datos

- Monto Solicitado
- Plazo en meses (12 |24|36 |48 |60)

- Destino del crédito

- Forma de pago

- Débito en cuenta de nómina (Sí|No)

Consideraciones:

- **Para el Refinanmiento**

  - Esta división preliminar de historias de usuario debe presentarse en el refinamiento para discutirlo con el equipo, en donde probablemente preguntarán por temas como

    - Integraciones con otros sistemas

    - Validaciones

    - Reglas de negocio

    - Consultas a fuentes de datos

  De forma que estas preguntas harán que se generen nuevas particiones o uniones de historias usuario.

- **Para el Planning**

  - Es muy probable que en el planning que se incluyan algunas de estas historias de usuario se terminen de aclarar aspectos que no fueron resueltos durante el refinamiento, como: fuentes de datos, tipos de validaciones, tipos de datos, validaciones cruzadas (es decir: que la edad coincida con la fecha de nacimiento, o la fecha de ingreso corresponda con la antigüedad), etcétera.

- **Generales**

  o Siempre considerar las eurísticas (que también ayuda a dividir historias de usuario) de:

    ▪ Las suma aproximada del tiempo de las tareas para construir las historias de usuario debe tomar de 2 a 3 días-persona para lograr la *definition of done*

    ▪ Las historias deben ser entre 6 a 10 historias para el backlog del sprint

  o El orden en que aparecen las historias de usuario no necesariamente es la forma en que se construirá, pues es probable que sea otra la forma en que agreguen valor.

  o Adicionalmente, es probable que el equípo una historias de usuario que considere muy pequeñas.

Referencias

1. En el mundo SAFe (https://www.scaledagileframework.com/) es conocida como Feature (https://www.scaledagileframework.com/features-and-capabilities).

2. Artículo Original escrito por Ron Jeffries http://xprogramming.com/articles/expcardconversation confirmation/

3. INVEST in Good Stories, and SMART Tasks. Bill Wake. http://xp123.com/articles/invest-in-good-stories-and-smart-tasks/

4. Leído y Recomendado: Patrones de División de Historias de Usuario o Cómo Dividir una Historia de Usuario - http://www.lecciones-

aprendidas.info/2018/08/leido-y-recomendado-division-de.html

5. Un Método Adicional de División de Historias de Usuario: Criterio de Equipo o Hasta Acá Llegamos - http://www.lecciones-aprendidas.info/2018/08/un-metodo-adicional-hasta-aca-llegamos.html

De historias de usuario, culturas y del arte de narrar historias

La vida es una alegoría, los seres humanos no solo estamos configurados como cuerpos biológicos abastecidos de estímulos y pulsiones, pues nacemos en un entorno social y por tanto nos relacionamos, desde lo más esencial –lo familiar, hasta lo más universal, con nuestros semejantes. Pero además poseemos una visión personal para interpretar nuestra cotidianidad, tenemos ideales y pensamientos, emociones y aversiones que nos hacen actuar de formas particulares al interpretar nuestra realidad.

En todo esto, la narración de historias juega un papel muy importante en la construcción de conocimiento. La narrativa es una forma de caracterizar los fenómenos de la experiencia humana. Dice Ivar Jacobson en su libro Casos de Uso 2.0 que "la narración de historias permite a las culturas sobrevivir y progresar; es el camino más simple y más efectivo para pasar el conocimiento de una persona a otra. Es la mejor manera de comunicar lo que un sistema debe hacer y hacer que todo el mundo trabaje en el sistema sobre los mismos objetivos." [1]

Las historias (de usuario) establecen una manera de organizar y comunicar experiencias. Las personas usan instintivamente la narración de historias para organizar un cúmulo de ideas que consideran disperso; además, gracias a ellas pueden organizar lo que saben acerca de su trabajo y de cómo lo hacen. Al narrar historias, las personas nos invitan de una forma u otra a investigar sus pensamientos, sus sentimientos y sus intenciones. Finalmente, como oyentes y más tarde como lectores de las historias de usuario, adherimos a los acontecimientos, como una exploración de la experiencia de los usuarios, entendiéndolas mejor y de la forma más completa posible, pero, sobre todo comprendiendo su valor real.

Quienes transitamos a diario por el vasto universo del diseño y descubrimiento de productos de software sabemos que es importante enfocarnos en el valor que estos prestarán a sus dueños, los usuarios, y a otros interesados. El mismo Jacobson dice que "solo se genera valor si el sistema se usa realmente; así, es mejor enfocarse en cómo se usará el sistema que en las largas listas de funciones o características que ofrecerá." [2] Y agrega más adelante: "es fácil capturar y validar la completitud de las historias y estas, a su vez, facilitan filtrar las formas potenciales de usar el sistema que ofrezcan poco o ningún valor real a los usuarios. Este foco constante en el valor permite asegurar que cada entrega del sistema sea tan pequeña como sea posible, a la vez que tenga valor real para los usuarios del sistema y para los interesados que financian el desarrollo." [3]

Cuenta las historias, no las escribas

En su libro "*Fifty Quick Ideas to Improve your User Stories*", Gojko Adzic & David Evans [4], compilan una serie de conceptos sobre cómo mejorar nuestras historias de usuario o, mejor aún, sobre cómo mejorar el desempeño del equipo ágil usando la técnica de las historias de usuario. Nos interesó mucho la primera de esas ideas, muy acorde a nuestro interés actual sobre las historias y la supervivencia de las culturas. Esta idea es precisamente la del título de esta sección: **cuenta historias, no las escribas**.

Uno de los errores más comunes de las personas que empiezan a usar prácticas ágiles es creer que las historias de usuario son requisitos livianos. Las historias de usuario no son requisitos, son más bien una carta de intención de lo que queremos que haga el sistema, son recordatorios para conversaciones que tendremos más adelante, el Equipo de Desarrollo y el Dueño de Producto, pero definitivamente no son requisitos. Este malentendido conduce a situaciones en que las historias sean recolectadas en herramientas de gestión de actividades, con muchos detalles escritos o proporcionados por representantes del negocio.

Nada más alejado de una buena práctica. Las historias de usuario implican un modelo totalmente diferente, Gojko y David lo llaman "requisitos por colaboración", un modelo donde la transferencia de conocimiento vía documentos "pesados" se reemplaza por involucramiento y colaboración, al mejor estilo del Manifiesto Ágil. Ya sabemos que la conversación cara a cara es la forma más efectiva de comunicar información y que una buena discusión entre los interesados y el equipo ágil lleva a mejores preguntas/respuestas, opciones e ideas del producto. Cuando los requisitos se escriben, aun si los llamamos historias de usuario, estas discusiones nunca suceden y las mejores ideas se pierden para siempre. Tenemos algo de experiencia en esto, hemos pasado más de dos décadas escribiendo requisitos de software, todo tipo de requisitos para todo tipo de productos de software.

La recomendación es simple, avanzan Adzic y Evans en su libro: intenta contar historias o que te cuenten historias, en vez de escribirlas. Usa tarjetas físicas o un sistema de tiquetes electrónicos, pero solo como recordatorios de esa conversación que tendrás más adelante. No gastes mucho tiempo tratando de descifrar los detalles de las historias con anticipación. Compromete a los interesados del negocio e involucra a los miembros del equipo en una discusión, busca distintas perspectivas de la historia y explora opciones. Esta es la forma de acceder a los beneficios reales de trabajar con historias de usuario.

Beneficios clave de contar historias

Las discusiones permiten a los representantes del negocio, no solo explicar lo que quieren, sino también asegurarse de que los miembros del equipo entiendan esto correctamente. Uno de los mayores problemas en los modelos tradicionales son los malos entendidos entre los distintos roles en el equipo y entre los interesados, entre quienes existen niveles heterogéneos de conocimiento acerca de las necesidades de cada uno, complemento además del ya típico fenómeno del "teléfono roto" [5]. Es un hecho, explicar una historia cara a cara evita caer en vacíos de conocimiento sobre la historia.

El segundo beneficio, apuntan Adzic & Evans, es el análisis más rápido. Cuando el equipo completo se involucra en una discusión, los vacíos funcionales, las inconsistencias y los requisitos no claros se descubren más rápidamente que cuando una sola persona (léase Analista del Negocio o similar), escribe los detalles.

Pero el beneficio más importante de la comunicación cara a cara, comparada con el paso de información vía documentos, es que la primera produce mejores soluciones, mejores productos. Para ser capaz de construir buenas soluciones, las personas necesitan conocer los planes y las oportunidades del negocio, entender el dominio del problema, tener un conocimiento profundo de las restricciones técnicas estar al tanto de las nuevas tecnologías que potencialmente les puedan servir. Involucrar a un grupo de personas en el análisis desde diferentes perspectivas ayuda al equipo a beneficiarse del conocimiento compartido.

Como lograrlo

La excusa más común para llenarnos de documentación es la insistencia del negocio en la aprobación formal, las regulaciones legales o gubernamentales o las dependencias con terceros. Si es necesario "firmar" las historias hazlo a medida que las discutes. Es más, si el alcance final debe ser aprobado por varios interesados en el negocio, involúcralos en las reuniones de Refinamiento, días antes de la reunión de planificación del Sprint donde se van a construir las historias. En cualquier caso, el Dueño de Producto juega un papel muy importante en la consecución de tales aprobaciones. Es una de sus responsabilidades directas.

Como siempre, ensaya distintos acercamientos y en cada retrospectiva analiza cómo le fue a tu equipo. Como dice el refrán, la experiencia no se improvisa. Hasta allí el tema, recomendamos amplísimamente los libros que usamos como referencia.

Referencias

[1] [2] [3] Ivar Jacobson et all. Use Case 2.0. Ivar Jacobson International. 2011. Traducción de Luis Antonio Salazar y Carlos Mario Zapata.

[4] Gojko Adzic & David Evans, Fifty Quick Ideas to Improve your User Stories, © 2013 – 2014 Nueri Consulting LLP

[5] Conocido también en algunas culturas o regiones como el fenómeno o el juego del "teléfono descompuesto" o "teléfono malogrado"

"Yo no sé muchas cosas, en verdad,
Digo tan solo lo que he visto.
Y he visto que la cuna del hombre
la mecen con cuentos,
que los gritos de angustia del hombre
los ahogan con cuentos,
que el llanto del hombre
lo taponan con cuentos.
Y que el miedo del hombre
ha inventado todos los cuentos...
Yo sé muy pocas cosas, es verdad,
pero me han dormido con todos los cuentos
y sé todos los cuentos ..."

León Felipe, Aguaviva.

Unas ideas claves sobre las historias de Usuario

Antes de cerrar quisiéramos compartir con ustedes un listado de ideas centrales sobre historias de usuario que por lo regular compartimos en los entrenamientos en Scrum:

Las historias de usuario no son especificaciones

Una historia de usuario debe ser tan pequeña que obligue a una conversación cara a cara donde todos entiendan mejor el problema (Leonardo Agudelo - https://twitter.com/sweepnoise)

Es preferible una historia de usuario ambigua que una bien escrita (la razón: la ambigua invita a la conversación) (Jeff Patton - https://twitter.com/jeffpatton)

Paremos de especificar las historias de usuario comencemos a explicarlas (Jeff Patton - https://twitter.com/jeffpatton)

Es en serio, las historias de usuario tienen que ser pequeñas (ver post aquí- http://www.lecciones-aprendidas.info/2017/05/En-serio-historias-pequenas.html)

Una buena historia de usuario debe tomar entre 3 y 5 días persona de esfuerzo para lograr el DONE

Una buena historia de usuario tiene entre 4 a 8 criterios de aceptación

Lo más importante de una Historia se usuario es que sea menos importante que la conversación (Juan Pablo Bernal - https://twitter.com/NeoBernal/status/885280134005219328)

Un buen sprint backlog tiene entre 6 a 10 historias de usuario (ver más acá - https://agileforall.com/resources/how-to-split-a-user-story/)

Las historias de usuario no son requisitos, son más bien una carta de intención de lo que queremos que haga el sistema, son recordatorios para conversaciones que tendremos más adelante (Lucho Salazar - https://twitter.com/luchoSalazarC).

Es un error decir: "la historia de usuario está mal especificada", pues la historia de usuario no es una especificación, es mejor que este "mal escrita" porque invita a una conversación y una aclaración sobre la misma.

Se llaman historias de usuario no "especificaciones de usuario", por lo tanto, el énfasis se debe hacer en la historia que cuenta el usuario y no en lo que está escrito o tratado de especificar.

Las historias de usuario deben ser porciones funcionales end-to-end, que cuando funcionen se implementen agreguen valor, o sea, pasen exitosamente el siguiente minitest:

¿Puedo ponerla en producción?

¿Un usuario final puede usarla sin necesidad de algún truco o script extraño? ¿Es decir, se puede acceder desde la interfaz de usuario y funciona completamente?

Una historia de usuario debe ser construible en su totalidad durante un sprint (incluyendo pruebas, documentación, despliegue y todo lo que este en la "Definition of Done")

"Las historias de usuario son **DICHAS**, no escritas." / "Key point: User Stories are TOLD, not written".(Ron Jeffries) - https://twitter.com/RonJeffries/status/602247042191069184

The User Story Conversation Canvas

The User Story Conversation Canvas — Lucho Salazar (@luchosalazarc)

2. User Story	1. Personas	4. Context	
3. Acceptance Criteria		5. Definition of Ready	6. Definition of Done
7. Expect Results	8. Metrics	9. Feedback	

Las buenas historias de usuario "*estimulan*", en el buen sentido, la conversación entre los involucrados (por ejemplo, Dueño de Producto y miembros del equipo de desarrollo de producto). Además, las historias de usuario ven, o dejan ver, la funcionalidad desde la perspectiva del negocio, específicamente desde el **Valor** que la historia proporciona al negocio.

Como su nombre lo indica, este *User Story Conversation Canvas* es un medio de comunicación, un instrumento para promover y facilitar las conversaciones que se dan o deben darse alrededor de las historias de usuario. En el fondo, es una herramienta visual para documentar diferentes aspectos o dimensiones de historias de usuario nuevas o existentes en el backlog de producto.

Con este lienzo cualquier persona involucrada, el Dueño de Producto, el equipo en pleno o solo un miembro de este, el Scrum Master, incluso un usuario, puede encontrar la ayuda que necesita para describir adecuadamente los aspectos más relevantes de una historia de usuario, desde las personas que están o se verán involucradas durante la definición, evolución, desarrollo y puesta en marcha de la historia, hasta el resultado esperado y las métricas asociadas a la historia, pasando por el contexto de la misma. Pero, sobre todo, podrá encontrar el soporte que necesita para preparar conversaciones fantásticas sobre los elementos que componen el producto.

Las sesiones de refinamiento, la planificación y la revisión son tres de los escenarios principales donde podemos usar este Lienzo para Conversar Sobre Historias de Usuario. Pero se puede usar en muchas otras circunstancias: el dueño de producto hablando con los usuarios y otros interesados, los miembros del equipo de desarrollo, para acordar y sincronizar el trabajo a realizar, el Scrum Master y el Dueño de Producto, en conversaciones alrededor del producto, del backlog, al aplicar patrones para dividir las historias, entre otros escenarios.

¡Cuando se trata de historias de usuario, el énfasis es en la **Conversación**!

Veamos en detalle las distintas secciones del lienzo.

1. Personas

El primer paso en la construcción de productos grandiosos es identificar y entender a los consumidores y usuarios.

Basadas en entrevistas, observación, investigación. Hay personas que son primarias al producto o a la historia de usuario en particular, otras son secundarias e incluso otras son suplementarias.

Entre las primeras encontramos a los usuarios finales de la historia o a los consumidores del producto o servicio. El equipo debe conocer muy bien el perfil de estas personas, los aspectos personales y profesionales que los identifican, la educación, datos demográficos, sus hábitos e incluso sus motivaciones y comportamientos, lo que les gusta y lo que no. Después de todo desarrollamos productos y servicios para seres humanos. El equipo debe sentir que conoce al usuario.

Las personas "secundarias" son quienes tienen algo que decir acerca de la historia de usuario (o del producto o servicio) pero que no lo usan. Pueden ser quienes lo adquieren, quienes imponen una restricción o una regulación, quienes harán la instalación o el mantenimiento, entre otras. Y las personas "suplementarias" son todas aquellas que de una u otra forma están o se sienten involucradas con la historia de usuario, como patrocinadores del proyecto, la dirección de la organización, representantes de los usuarios y otros interesados.

En resumen, algunos tipos de personas a tener en cuenta en y para la conversación son:

1. Personas
2. **Usuarios o Consumidores finales**
3. Interesados
4. Patrocinadores
5. Equipo de desarrollo
6. Otros (Legales, externos, etcétera)
7. Equipo de soporte

2. Historia de Usuario

La identificación de la historia. La carta de intención. El recordatorio de las **conversaciones** que tendremos sobre la misma y para el cual usamos este tablero.

Puede tener muchas formas. Una de nuestras favoritas es esta que desarrolló un equipo en Connextra y que popularizó Mike Cohn junto a otros entusiastas del modelo y que usamos a lo largo de este libro:

Como   <Tipo de Usuario>

Quiero   <Hacer algo>

Para   <Propósito>

Algunos de los beneficios de representar así una historia de usuario saltan a la vista: ayuda a las personas a identificarse con la historia, puesto que es apenas una intención, promueve la negociación, atributo *sine qua non* una historia es una buena historia, posibilita la priorización de la historia por parte del Dueño de Producto y deja ver de una vez el objetivo que quieren alcanzar el usuario y todos los interesados en la historia.

3. Criterios de Aceptación

Es a través de los criterios de aceptación que establecemos los límites de la historia de usuario. En parte, los usamos para confirmar la completitud y la precisión o conformidad de la historia con lo que quieren los usuarios.

Los criterios de aceptación se escriben en un lenguaje simple, tal y como lo hacemos con la carta de intención, la historia de usuario misma. En el fondo se trata de una lista de condiciones de satisfacción que todos los involucrados tendremos en cuenta al momento de diseñar, construir, probar y entregar el producto resultante. Se trata de un acuerdo que, en un equipo Scrum, por ejemplo, se firma tácitamente entre el Dueño de Producto y los miembros del equipo de desarrollo para generar y entregar Valor al negocio.

Algunos beneficios de este conjunto de criterios incluyen:

- Permiten al equipo tener una visión unificada de la historia de usuario desde la perspectiva del usuario final

- Ayudan al equipo a construir la característica con unas metas medibles y alcanzables en mente

- Ayudan a **eliminar la ambigüedad** típica que se presenta cuando se trata de acordar requisitos, tanto funcionales como no funcionales. Es en este ámbito donde este Lienzo para propiciar conversaciones sobre la historia de usuario juega un papel muy importante porque ayuda de una manera gráfica y en solo lugar a tener todos los elementos relevantes con los cuales tomar decisiones acerca de la historia de usuario.

- En particular, ayudan a todos los involucrados a verificar mediante pruebas que esa característica específica del producto o pieza de funcionalidad, si se trata de software, trabaja correctamente y está completa.

4. Contexto

Entender el entorno en el cual transita o existe una historia de usuario en particular y un producto o servicio en general es crucial a la hora de desarrollar esa historia o producto. ¿De dónde viene la historia? ¿La necesidad? ¿Cuál es el problema que intentamos resolver? O mejor aún, el problema detrás del problema, la causa raíz. Las decisiones que tomemos a partir de este entendimiento tendrán un impacto en el futuro de muchas personas, incluso modificarán su *modus vivendi*.

Algunos elementos a considerar en todo contexto de una buena historia de usuario son:

- Necesidad origen

- Escenarios de uso de la historia

- Dominio del negocio, qué áreas del negocio usan o se impactan por la historia

- Reglas del negocio que afectan la historia

- Épica origen. No todas las historias provienen de una épica en particular, pero si es así, es bueno conocerla.

- Alcance de la historia

- Hipótesis, que queremos probar con la historia

- Dependencias de la historia. Para aprender a independizar historias, pueden ver el capítulo dedicado al criterio Independiente de las historias de usuario, previamente en este libro.

- Restricciones adicionales, de diseño, de instalación y puesta en marcha, de mantenimiento, de distribución, de empaquetamiento, entre otras.

5. Definición de Preparado

El equipo necesita estar tranquilo y confiado a la hora de empezar a trabajar en una historia de usuario. La Definición de Preparado brinda esa confianza y asegura que cada historia seleccionada para un sprint está completamente dispuesta para abordarse durante ese sprint. De hecho, una buena Definición de Preparado mejora el flujo y la estabilidad durante el sprint.

La disciplina del equipo en pleno es fundamental para que se pueda establecer una Definición de Preparado que les permita realizar un trabajo sin tropiezos, asegura que el equipo no se llene de "Tareas en progreso" sin que las puedan terminar por falta de insumos, de conocimiento o de cualquier otro elemento necesario para llevar la historia hasta Terminado.

En la práctica, la Definición de Preparado es un conjunto de criterios que se deben cumplir para que el equipo acepte la historia en el sprint.

Algunos de esos criterios incluyen:

- La historia tiene unos criterios de aceptación bien definidos y claros

- La historia cumple con los atributos del modelo **INVEST**.

- La historia se puede construir y probar completamente en un sprint

- La historia proporciona Valor a la organización

- El equipo y el Dueño de Producto, entre otros interesados, están de acuerdo en lo que significa la historia de usuario y todos sus elementos

- Las personas a las que el equipo y el Dueño de Producto pueden acudir para clarificar aspectos de la historia de usuario estarán disponibles durante el sprint

- La tecnología para construir y probar la historia está disponible

Estos son algunos criterios generales. Pero cada historia tiene sus criterios específicos a cada una de ellas.

6. Definición de Terminado

Uno de los activos más importantes de un equipo de alto desempeño es que todos entiendan y compartan lo que significa que una característica o historia de usuario esté "terminada". Según la guía de Scrum, esto asegura la transparencia, pilar fundamental del marco de trabajo.

La Definición de Terminado se puede aplicar en distintos niveles, desde una tarea muy específica, hasta el mismo producto o servicio objeto del esfuerzo de desarrollo. Entre estos, el de las propias historias de usuarios, los *sprints*, las épicas y las salidas a producción. De hecho, esto causa confusión en los equipos cuando están en transición hacia el pensamiento Ágil y Lean, ya que es distinto el contexto de una épica, del producto o de la historia en sí. En este caso, hablamos de condiciones de "Terminado" específicas a la historia de usuario.

Ocurre a menudo que es diferente la concepción que tiene el Dueño de Producto de lo que significa "terminado", y con él los usuarios o consumidores, de la que tiene el resto del equipo o incluso el Scrum Master. Es tarea de todos es lograr que haya un consenso pleno en esta Definición de Terminado.

Para ello, debemos tener en cuenta dos aspectos complementarios: los criterios de **completado** y los criterios de **aceptación**. Estos últimos los abordamos en la sección 3 de este lienzo. Normalmente son los miembros del equipo de desarrollo, con el apoyo del Scrum Master, quienes establecen los criterios de "completado" de la historia. Si se trata de software, por ejemplo, estos criterios incluyen, entre otros, que el código fuente de la funcionalidad esté completo, se hayan realizado pruebas unitarias, que se haga una revisión par del código, que las pruebas de calidad estén completas y que se haya elaborado la documentación pertinente.

Cada una de las condiciones que se incluyan en una Definición de Terminado deben ser factibles, se deben poder probar y deben poderse recrear en un escenario controlado.

Finalmente, pensemos en la Definición de Terminado como lo que nos dicen los creadores de Scrum en la guía. La Definición de Terminado es:

- Liviana

- Fácil de entender

- **Difícil** de llegar a dominar

Una buena Definición de Terminado toma tiempo, pero la práctica hace al maestro, así que kata, kata, kata.

7. Resultado Esperado

Si lo que el usuario o el Dueño de Producto quieren es poco claro, el resultado será impredecible y, a menudo, carente de Valor. También suele ocurrir que la meta del usuario se pierde en el proceso de entendimiento e implementación de la historia. En particular, cuando el resultado deseado no está claro, o no se indica en términos de la perspectiva del usuario, es fácil perder de vista la razón por la que estamos haciendo el trabajo en primer lugar.

De hecho, los resultados son la única razón por la cual alguien compra o usa un producto o servicio o usa una aplicación de software. Nadie usa software porque le gusta el software, lo hace por aquellas otras cosas que le permite obtener, las metas que le posibilita alcanzar.

Establecer explícitamente el resultado esperado permite al equipo identificar el mejor camino a seguir, incluso encontrar atajos y hacer saltos en el proceso de construcción de la historia. De esta manera también se fomenta la innovación y la adaptación continua si las circunstancias son las correctas.

Al entender y acordar el resultado claramente, desde la perspectiva del usuario o consumidor, el equipo puede realizar pruebas simples de caja negra para confirmar si el usuario podrá lograr las metas prometidas.

¿Cuál es la solución esperada? ¿Qué se quiere cumplir con la Historia? (Ejemplo, cumplir con una regulación). ¿Cuál es el Valor a Ganar? Son algunas de las cuestiones que bien podríamos dejar explícitas en esta sección del lienzo.

8. Métricas

El pensamiento Ágil nos ha enseñado a hacer las mediciones mediante observación directa en el lugar de trabajo, a medir la realidad del equipo o la organización y de los esfuerzos de desarrollo, con el ánimo de encontrar continuamente opciones de mejoramiento.

En el caso de las historias de usuario, se trata de proyectarlas en distintas dimensiones. Conocer la **urgencia** de la historia, normalmente establecida por el Dueño de Producto nos habla de la **prioridad** de la misma. Esto lo motiva a refinarla y le indica al equipo qué es lo siguiente más importante por hacer.

Otros números son la **complejidad**, en la práctica, algo así como una mezcla de complejidad técnica, esfuerzo de desarrollo y hasta la incertidumbre asociada a la historia. Esta complejidad se puede expresar en **puntos de historia**, usando alguna escala cuantitativa unificada para el equipo.

El número de **sprint** proyectado para implementar la historia suele decirnos algo acerca de lo que viene más adelante. La **calidad**, expresada quizás en el nivel de **satisfacción** del usuario es a todas luces un indicador relevante. Conocer el número proyectado de **usuarios** que tendrá la funcionalidad ayuda al equipo a tomar decisiones de índole arquitectónico, entre otras no menos importantes.

Además, las historias deben ser tan pequeñas que se puedan construir y hasta poner en producción en un único sprint. Medir el **progreso** durante ese corto período de tiempo puede señalarnos con anticipación si vamos a cumplir con el objetivo del sprint o no y nos ayuda a tomar decisiones al respecto.

Pero quizás la métrica más importante es el **Valor Ganado** con la historia. Esta es la medida que le interesa al negocio y que debería interesarle a todo el mundo en el equipo. En la práctica, el Valor del negocio es un atributo quizás más intenso, más esencial que la propia razón de la historia de usuario: se trata de esa cualidad que profundiza en la lógica de negocio: es el valor agregado que la historia trae al negocio.

Y junto con este Valor Ganado, viene el **Retorno de la Inversión**, el ROI, expresado en la relación entre el propio Valor Ganado y la Complejidad. Puesto que los valores base son relativos, el ROI también es relativo, pero eso no le resta importancia.

En resumen, estos son algunos de los indicadores de interés en el entorno de las historias de usuario:

- Prioridad (Orden absoluto en el backlog)

- Puntos (de historia)

- Complejidad (Esfuerzo)

- Número de Sprint

- Valor Ganado (ROI)

- Calidad

- Progreso

- Número de usuarios

9. Retroalimentación

En Ágil fomentamos la retroalimentación continua en todas las direcciones. Es parte del ADN Ágil. La intención principal de los ciclos de retroalimentación ágil es la de facilitar un aumento rápido en la capacidad futura de las personas y del proceso. Esto incluso hace que las personas se sientan más felices en el trabajo porque les brinda confianza.

No tener estos ciclos de retroalimentación pone en peligro no solo la calidad de lo que hacemos, sino las relaciones entre los miembros del equipo y entre estos y las personas de su entorno, por ejemplo, los usuarios.

Nos interesa saber de primera mano algunas variables de manera cualitativa o, mejor aún, cuantitativas:

- Nivel o Grado de Satisfacción de las personas

- Nivel de Felicidad del usuario

- Impacto generado

- Qué hacer para mejorar

- ¿Hay certeza de que con esta historia lograremos el objetivo deseado?

- Entre muchas otras.

La reunión de Revisión es una oportunidad indiscutible para obtener esta retroalimentación, pero cualquier momento siempre es bueno, durante el sprint, cuando mostramos avance el Dueño de Producto o a un interesado en particular. Esto fomenta la inspección y adaptación, pilares cardinales en el ejercicio Ágil.

Palabras Finales

Este lienzo <u>no</u> reemplaza las conversaciones sobre historias de usuario, las fomenta y permite mantener el foco durante de las mismas, son un instrumento de conducción, clarificación y resumen de las conversaciones sobre historias de usuario o cualquier otro elemento que haga parte del backlog de producto. No existe pretexto alguno para que sea de otra manera.

Usa el lienzo como un instrumento conductor de conversaciones alrededor de historias de usuario. Si lo haces así, estos son algunos de los beneficios clave que puedes obtener:

- **Foco**. Mantener encauzada una conversación es una tarea ardua. El lienzo te ayuda con esto.

- **Lenguaje común**. Por separado, el lenguaje oral y el escrito pueden llegar a confundirnos profundamente. Contar con una herramienta donde registremos las ideas principales y otras secundarias, sobre las cuales todas las personas comprometidas en el desarrollo de una historia de usuario acuerden y actúen fomenta e intensifica la transparencia, unos de nuestros pilares cardinales.

- **Recordación**. El lienzo es centrado en la conversación alrededor de la historia de usuario y en el Valor que esta proporciona al negocio. Ayuda a generar esa recordación necesaria para todo ser humano común y corriente.

- **Proyección**. El lienzo nos permite planear, verificar e iterar sobre la definición, construcción y entrega de la historia de usuario.

- **Productividad**. Si conseguimos algunos de los dividendos anteriores, las personas y el equipo en pleno verán incrementada su productividad, su capacidad de desarrollo de nuevos productos y, por consiguiente, su moral.

Puedes encontrar actualizaciones del User Story Conversation Canvas y una versión descargable para imprimir en: http://www.gazafatonarioit.com/2017/05/the-user-story-conversation-canvas.html

¿Qué piensas del lienzo? Espero que nos cuentes cómo te va con su uso. Contáctanos a nuestros correos o a través de los foros habituales.

Epílogo

Como lo expresaba el *Chaos Report* desde 1994 (https://www.standishgroup.com/sample_research_files/chaos_report_1994.pdf) y lo resolvían con su experiencia los firmantes del Manifiesto Ágil en 2001 (http://agilemanifesto.org/), el involucramiento continuo del cliente en el ejercicio de construcción de productos de desarrollo de software es crucial para el éxito de los mismos. Las historias de usuario como lo expresamos varias veces en el libro habilitan este flujo constante de ideas entre usuarios y equipos, reduciendo considerablemente la desviación entre lo deseado y lo construido, debido a la continua retroalimentación y validación que proporciona el usuario.

Esperamos que esta recopilación de artículos y los ejemplos presentados le habiliten o mejoren en su ejercicio de construir productos grandiosos basados en historias de usuario, estas como lo reiteramos de forma tácita y explicita son el medio, no el fin.

Seguiremos en nuestro compartir y experimentar es nuestra forma de lograr que todos lleguemos más lejos. No deje de visitar nuestros blogs

Lecciones Aprendidas (http://www.lecciones-aprendidas.info/)

y

Gazafatonario (http://www.gazafatonarioit.com/)

para más actualizaciones sobre este y otros temas relacionados con Agilidad, Buenas Prácticas, Transformación y Cultura Ágil.

Si tiene algún comentario no dude en contactarnos.

¡Saludos ágiles!

Jorge y Lucho

Sobre los Autores

Jorge Abad

Ingeniero Civil, Especialista en Desarrollo de Software y Magister en Informática, con más de 17 años en la industria del software, en la cual se ha desempeñado como Consultor, Gerente de Proyectos, Experto en Metodologías, Gerente de Calidad, Scrum Master y en los últimos cuatro años como Agile Coach para equipos y organizaciones.

Apasionado por la agilidad, la gerencia de proyectos, la construcción de productos de software y por encontrar formas en que los trabajadores de conocimiento logren resultados asombrosos.

Comparte continuamente sus experiencias en su blog www.lecciones-aprendidas.info – uno de los más visitados de Latinoamérica –, actualmente se desempeña como Regional Agile Coach en Tata Consultancy Services acompañando a organizaciones y equipos a lograr altos desempeños empleando Frameworks y Metodologías Lean-Agile como Scrum, Kanban, Scrumban, SAFe, Lean Software Development, Management 3.0 entre otros, es miembro activo de la comunidad Ágiles Colombia y Ágiles Latinoamérica.

Su propósito como Enterprise Agile Coach es lograr que los equipos y organizaciones logren resultados sorprendentes generando valor y alto retorno.

Contacto y Redes sociales

Correo: **jorge.abad@gmail.com**

Twitter: **@jorge_abad**

LinkedIn: **www.linkedin.com/in/jorgeabadl/**

Lucho Salazar

Consultor, Facilitador en procesos y métodos ágiles de software. Autor de los libros "**Asuntos de la Ingeniería de Software**", Volumen I y Volumen II. Traductor al español de la guía oficial de Scrum y de la Guía oficial de Nexus, el exoesqueleto para escalar Scrum. Traductor del libro Una guía de supervivencia a la adopción y transformación ágil: trabajando con cultura organizacional, de Michael Sahota.

Lucho se dedica a habilitar entornos más productivos para equipos de proyectos y esfuerzos de desarrollo de productos. Actualmente se desempeña como Como Agile Coach en Tata Consultancy Services. Su foco es llevar a los equipos a pensar en Mejoramiento Continuo a la vez que interactúen como un sistema complejo que les permita entregar frecuentemente productos de valor para el negocio mientras se divierten haciéndolo. Es un apasionado de la comunicación y dinámicas de grupo y facilitador de equipos y le gusta trabajar con personas que amen lo que hacen. Tiene un apetito insaciable por aprender nuevas cosas y mejorar en lo que ya conoce y practica. Como Agente de Cambio, lleva a los equipos y organizaciones al siguiente nivel de sostenibilidad en su transformación, específicamente, en el uso del enfoque ágil para conducir personas, proyectos y generar productos cuyos componentes tengan resonancia y sean capaces de modificar el *modus vivendi* de quienes los consumen.

Comparte gran parte de su experiencia a través de sus libros y de la publicación de artículos en distintos medios especializados y en su blog http://www.gazafatonarioit.com.

Contacto y Redes sociales

Correo: **lucho.salazar@gmail.com**

Twitter: **@luchosalazarc**

LinkedIn: **www. linkedin.com/in/luchosalazar**

www.ingramcontent.com/pod-product-compliance
Lightning Source LLC
Chambersburg PA
CBHW072013230526
45468CB00021B/1322